探秘清代帝后陵

李寅 著

中华书局

图书在版编目（CIP）数据

探秘清代帝后陵/李寅著. —北京：中华书局，2015.4
ISBN 978-7-101-10671-8

Ⅰ.探…　Ⅱ.李…　Ⅲ.陵墓-中国-清代-通俗读物
Ⅳ.K928.76-49

中国版本图书馆 CIP 数据核字（2015）第 010300 号

书　　名	探秘清代帝后陵	
著　　者	李　寅	
责任编辑	陈　虎	
出版发行	中华书局	
	（北京市丰台区太平桥西里 38 号　100073）	
	http://www.zhbc.com.cn	
	E-mail：zhbc@zhbc.com.cn	
印　　刷	北京天来印务有限公司	
版　　次	2015 年 4 月北京第 1 版	
	2015 年 4 月北京第 1 次印刷	
规　　格	开本/700×1000 毫米　1/16	
	印张 17½　插页 17　字数 160 千字	
印　　数	1-12000 册	
国际书号	ISBN 978-7-101-10671-8	
定　　价	36.00 元	

清西陵示意图

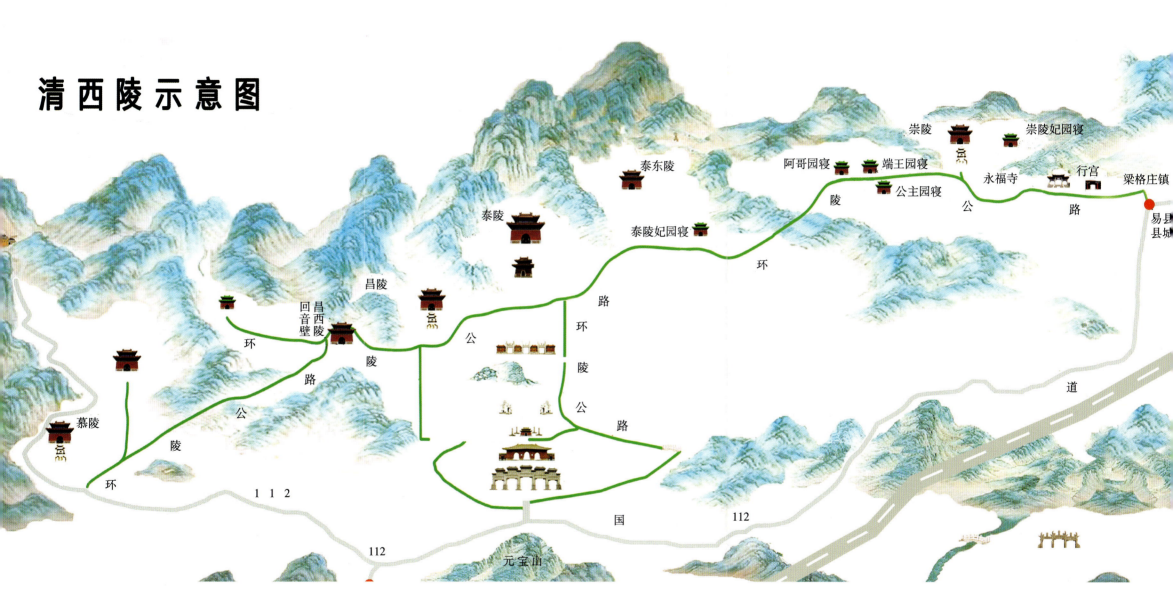

崇陵　崇陵妃园寝

阿哥园寝　端王园寝

公主园寝

泰东陵

泰陵

泰陵妃园寝

永福寺　行宫

梁格庄镇

易县县城

环陵公路

环陵公路

昌陵

昌西陵
回音壁

昌陵

环陵公路

慕陵

环陵公路

112

112

112

元宝山

国道

清宫廷画家绘满洲创始女神佛库伦像

永陵图（位于今辽宁新宾满族自治县境，为清朝的祖陵）

努尔哈赤朝服画像

福陵图（位于今辽宁沈阳市东，为清太祖努尔哈赤及其后妃的陵寝）

皇太极朝服画像

昭陵图（位于今辽宁沈阳市北，为清太宗皇太极与孝端文皇后的陵寝）

顺治皇帝朝服画像

孝陵（位于今河北遵化市境内，为清世祖福临——顺治皇帝的陵寝）

康熙皇帝朝服画像

景陵图（216×161）厘米

景陵图（位于今河北遵化市境内，为清圣祖玄烨——康熙皇帝的陵寝）

雍正皇帝朝服画像

泰陵图（位于今河北易县境内，为清世宗胤禛——雍正皇帝的陵寝）

乾隆皇帝朝服画像

裕陵图〈218×161厘米〉

裕陵图（位于今河北遵化市境内，为清高宗弘历——乾隆皇帝的陵寝）

嘉庆皇帝朝服画像

昌陵（位于今河北易县境内，为清仁宗颙琰——嘉庆皇帝的陵寝）

道光皇帝朝服画像

慕陵（位于今河北易县境内，为清宣宗旻宁——道光皇帝的陵寝）

咸丰皇帝朝服画像

定陵（位于今河北遵化市境内，为清文宗奕詝——咸丰皇帝的陵寝）

同治皇帝朝服画像

惠陵（位于今河北遵化市境内，为清穆宗载淳——同治皇帝的陵寝）

光绪皇帝朝服画像

崇陵（位于今河北易县境内，为清德宗载湉——光绪皇帝的陵寝）

慈禧太后画像

定东陵（位于今河北遵化市昌瑞山南麓偏西，为清文宗咸丰帝的孝贞显皇后
——慈安太后和孝钦显皇后——慈禧太后的陵寝）

顺治皇帝的第二位皇后孝惠章皇后朝服画像

景陵妃园寝宝顶群（位于景陵东侧0.5公里处，内葬康熙皇帝的48位妃嫔和1位皇子）

目录

第一讲

中国皇陵的绝响

我国历史悠久，产生过很多王朝，因而出现了很多皇陵。"皇陵"这个词大家可能都知道，我们先看看它的含义是什么。东汉的《说文解字》说"陵，大阜也"，就是大土山的意思。而把"陵"作为皇帝坟墓的代称，则有皇家墓地规模很大的意思在内；同时，也包含皇帝依山为陵，高大而宏伟，令人高山仰止，等等。总之，就是不同寻常的皇家坟墓。本书将给大家全面介绍清代帝后陵的故事。

清朝是中国封建社会的最后一个王朝。我国的封建社会若自战国时期算起，到1912年辛亥革命推翻清朝成立中华民国止，经历了两千三百多年的漫长岁月。

永陵全景（位于辽宁省新宾满族自治县）

清朝的历史纪年，共有三种算法：一种是从1616年算起。这一年，努尔哈赤建国称汗，国号大金，史称"后金"，到1912年清朝灭亡，共历296年；一种算法是从 1636 年算起。这一年，皇太极称帝，改国号为"大清"，史称"清朝"，也称为"大清国"，到 1912 年清亡，共历 276 年；还有一种算法，从 1644 年算起。这一年，中国政局风云变幻，先是李自成的大顺军攻占北京，明朝灭亡。接着，驻守山海关的明将吴三桂降清。再接下来，清摄政王多尔衮指挥清军入关，打败大顺农民军，最终顺治帝迁都北京，清朝成为最大的赢家，并开始了统一全国的战争，逐步成为全国的统治者，直到 1912 年清亡，期间，共历 268 年。

按照第一种算法，清朝的皇帝共有 12 位。努尔哈赤，在位 11 年；皇太极，在位 17 年；顺治帝，在位 18 年；康熙帝，在位 61 年；雍正帝，在位 13 年；乾隆帝，在位 60 年；嘉庆帝，在位 25 年；道光帝，在位 30 年；咸丰帝，在位 11 年；同治帝，在位 13 年；光绪帝，在位 34 年；宣统帝，在位 3 年。这 12 位皇帝中，有中国封建社会在位时间最长的康熙皇帝，在位 61 年；也有寿命最高的乾隆皇帝，活了八十九岁。

这 12 位帝王，共营建了 12 座帝陵。有永陵，位于辽宁省新宾满族自治县，里面埋葬着努尔哈赤的祖先，共四个人。这四位其实都没有做过帝王，是他们的子孙对四位的尊封，可以说是清朝皇帝的祖陵。有福陵，在沈阳以东，里面埋葬的是清太祖努尔哈赤及其后妃。有昭陵，在沈阳以北，埋葬的是清太宗皇太极及其后妃。清朝入关以后，又产生了东陵和西陵。东陵以顺治帝孝陵

永陵雪景

为核心，包括康熙帝的景陵、乾隆帝的裕陵、咸丰帝的定陵和同治帝的惠陵，里面埋葬着这五位帝王和他们的后妃。西陵以雍正帝泰陵为核心，

包括嘉庆帝的昌陵、道光帝的慕陵和光绪帝的崇陵,里面埋葬着这四位皇帝和他们的后妃。此外,清朝还营建了7座皇后陵,东陵4座,西陵3座;10座妃园寝,东陵5座,西陵3座,关外2座。在这几百年的时空里,清朝共营建了帝、后、妃陵寝29座。

这些帝王后妃的陵寝,从2000年开始,陆续被列入世界文化遗产名录,其中蕴含的灿烂的文化吸引了世界的眼光。联合国教科文组织的专家对这些陵寝曾经这样评价:"是人类具有创造性的天才杰作。"(联合国专家路易·鲁迅)所以,了解这些清代帝后陵寝就具有很重要的现实意义。更为关键的是,在这些皇陵里面,有你最想解开的种种谜团和悬念。

一、这里有最神秘的风水

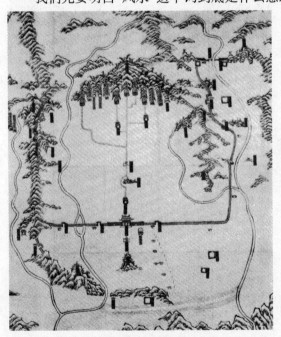

清东陵风水示意图

我们先要明白"风水"这个词到底是什么意思。明朝人项乔的《风水辩》这样解释:"所谓风者,取山势之藏纳,土色之坚厚,不冲冒四面之风……所谓水者,取其地势之高燥,无使水近。"解释得很清楚了,那就是避开风,不被北风吹到,吹到不仅寒冷,还会魂飞魄散;还要避开水,不然被水淹到,把棺材给淹了,那多不吉利啊。所以,既要有"风"和"水",又要避开风和水。

事实上,古人选风水的过程很复杂,流派也众多。但归根到底,他们选择风水的标准就是一个好的环境。我们今天非常重视环境，什么pm2.5之类的，那个时代人们不懂这个，其实也是这个意思，就是要找一个环境优美的地方，作为自己的万年吉地。而环境优美，当然就要有山有水，还要植被好，这就要做到两点：

一是四面环山的环境。一定要选在一个四面环山的环境之中，才能保持幽静的空间，让逝者安宁。同时，四面环山给逝者的感觉也是好的，他会有一种众星捧月般的感觉。作为帝王，生前众星捧月，是万民的主宰；死后有众山环绕，成为大自然的主宰，一样有众星捧月的感觉。所以，东陵和西陵中的各个皇帝陵，都在追求这样的环境。

二是绿化要好。俗话说，陵寝以风水为重，荫护以树木为先。这句话一点儿也不假，再好的风水，若都是光秃秃的山，那也无法使用，还要绿化达标。清代的东陵就曾经有数百万株苍松翠柏。这些树有两种：一种是海树，分布在大大小小的山峦上；一种是仪树，分布在陵寝神道两侧。《直隶遵化州志》记载："按形势分植仪树，以资荫护。"犹如仪仗队一样。

尽管如此，清朝历代皇帝对风水的态度也是各不相同的，有的很重视，有的则表现出淡漠的样子。

清朝第一帝努尔哈赤和第二帝皇太极，都不太重视风水的选择。他们不仅生前没有为自己选择风水宝地，就连建筑陵寝的打算也没有。二位都是死后，由继位者建筑的陵寝。至于陵寝所在的风水，则是后人给完善的。比如皇太极昭陵的风水，那纯粹是堆出来的大土山，长达115丈，高6丈。不过，这种堆出来的土山有一个好处，那就是它完全符合风水要素的要求。大家想一想，既然是人造的风水，那还不让它尽善尽美？所以，昭陵的后靠山当时堪称是完美的。

清帝重视风水，是从顺治帝开始的。别看他年龄不大，生长在深宫之中，但对风水文化却很痴迷。他在十四岁的时候，就开始四处为自己寻找万年吉地。史书记载，他曾经两次出宫为自己选择风水，一次是顺治八年，年仅十四岁；一次是顺治十六年，二十二岁时。经过这两次努力，他最终确定遵化之昌瑞山为自己的万年吉地。乾隆皇帝在《恭谒孝陵》中，就很肯定地说过："鼎湖亲卜吉，昌瑞万年基。"说的是孝陵这块宝地，是顺治帝亲自选中的。

之后的清帝中，还有两位非常重视风水的选择。一位是道光帝。本

清西陵远眺

来，他在东陵宝华峪的风水选择中，就已经费尽了周折；可是，在陵寝修建过程中，当他发现地宫之中渗水之后，便决定废弃。他认为既然地宫中已经渗水，那就不是吉祥的风水了。所以，他拆掉了耗费巨资修建的宝华峪陵寝。《道光朝东华续录》记载，道光帝曾经这样解释自己对风水的重视："总以地臻全美为重，不在宫殿壮丽以侈观瞻。"意思是说，如果没有好的风水宝地，宁愿不建陵寝。所以，他抱着这样的一种心理，又去西陵精挑细选风水，终于选中了龙泉峪风水，建筑了遂心的慕陵。

　　另一位对风水非常重视的清代帝王是咸丰皇帝。咸丰皇帝治国理政方面虽没有什么大的作为，对自己的万年吉地却是极为重视，费尽了脑筋。他一即位就调江西巡抚陆应榖北上，帮他选择风水。而且他还不辞辛苦，跑东陵，去西陵。曾登上西陵的魏家沟看视，多次到东陵踏勘，亲自登山研究，听风水先生汇报。最终，他决定选用平安峪风水，取其"平安"之意。确定陵寝名字的时候，又定为"定陵"，取天下及早底定之意。所有这一切，都反映出咸丰皇帝的心理诉求。

　　这是上述三位帝王对风水的重视。相反，清朝大有作为的两位帝王康熙和乾隆，对于风水的态度却是比较理智。我们先说康熙帝。他的陵寝选址在其父孝陵的东边，完全符合《周礼》的要求：子随父葬，又陪伴在两边。可是，风水上却存在先天性不足，比如地势低洼，这里是一片水塘，完全是人工培垫起来的。我们可以想象当时康熙帝的处境：一个是遵循《周礼》,使用这片水塘地;一个是另谋出路,在其他地方选择万年吉地——好地方多着呢。可是,康熙帝选择了《周礼》,对风水则采取了淡然处之的态度。

清东陵全景

至于乾隆皇帝,他处处学习爷爷康熙帝。对于风水,开始他是很纠结的。首先,不知道是葬在东陵合适,还是葬在西陵合适。其次,是选择完美无瑕的风水,还是适可而止,不过分苛求。在这一点上,乾隆帝还是理智的。他最终尊重了孝陵的至尊地位,选择了东陵胜水峪风水,在孝陵西边陪衬。而胜水峪,若按风水学的理论是存在问题的:一是砂山严重不足。《录副奏折》记载:"左边贴身界气之砂稍低,需用人力培补。"实际上是两侧基本没有砂山,都是人工堆筑的;二是地宫中建筑的中轴线出现了偏差。相关史料记载:"万年吉地内向壬山丙向兼亥巳,丁亥、丁巳分金,脉气最盛。"也就是说,地宫中会出现两个轴线,之间有一个夹角,这是很别扭的一件事情。但是,乾隆皇帝并没有因此而废弃胜水峪风水。他命令臣工采取办法,尽量弥补这一不足。最后还是陪伴在孝陵西边,与康熙帝景陵一起,形成对孝陵的东西拱卫格局,出现了一个非常完美的轴对称图形。这是他想要的结果,也是封建礼制所需要的结果。

所以,我们看,清朝皇帝对于风水的态度是有区别的,正是由于他们的这种区别,才造就了形态各异的帝王陵寝。大家可能会问,为什么清朝那些大有作为的皇帝,比如努尔哈赤、皇太极,再比如康熙帝、乾隆帝,反而不怎么过于重视风水的选择呢? 这在后面详细介绍。

二、这里有赏心悦目的建筑

清朝皇陵的建筑,完全按照封建礼制,如式而造。它大体遵循三个原则:

一是等级分明。等级是我国封建社会的明显标志,什么都要分等级:官制分等级,人分三六九等,就连建筑也要分出等级。清代皇陵也是一样,大体分为三个等级,即帝陵、后陵和妃园寝。

皇帝陵的建筑,体现了皇帝的威严,不是大碑楼,就是隆恩殿,总之是体现了皇帝无上的功德,给人一种高山仰止的感觉。但也体现传承,他们的神道连在一起,后世儿孙的神道要主动和先祖的神道相连,表示一脉相承之意。

崇陵妃园寝前景

皇后陵则是一种衍生物,是一种不得已的建筑,体现的是对帝陵的依附。因为清帝陵只有一条隧道,死在皇帝之后的皇后们不能再打开帝陵墓道进入,这叫"卑不动尊",处于无处安身的尴尬境地,嗣皇帝怎么能安心呢? 所以,才不得已创建了皇后陵,实际上就是太后陵寝。这些皇后陵的建设,要紧紧依偎在帝陵旁边,不得走远;还要把神道和帝陵相连,表示为帝、后的夫妻关系。这样产生的皇后陵,共有7座。

妃园寝又叫妃衙门,由于皇帝妃嫔众多,这些妃嫔死后的葬所必须考虑,这才产生了妃园寝。妃园寝和帝、后陵不可同日而语,琉璃瓦的颜色下降为绿色,建筑的体量也是骤减。虽然,里面埋葬了众多的妃嫔,建筑面积较之帝、后陵却是小了很多。而且,这些妃园寝也没有神道和皇帝陵相连接。这就是等级社会的区别,生前地位不高,死后也还是一样遭到歧视。

从这里我们看出,帝、后、妃的陵墓至少产生了三个明显的界限:一、名称之别。皇帝和皇后的墓地称之为"陵",如孝陵、慈禧陵等;妃子的墓地只能称之为"园寝",如景陵妃园寝、裕陵妃园寝等。二、大小之别。皇帝陵的规模很大,要几千平米,皇后陵次之,大约占到帝陵的三分之二,而妃园寝,那就要小很多了。三、颜色之别。皇帝陵的琉璃瓦用老黄,也

景陵皇贵妃园寝鸟瞰

就是深黄色,皇后陵的瓦用浅黄色,而妃园寝则只能用绿色琉璃瓦了。

所有这些等级区别,丝毫不能出错。

二是配合山川的原则。古人选择风水,颇费周折,《葬经翼》中有"三年求地,十年定穴"的说法,这么多年才能得到一块好的、理想的风水宝

地。所以,在上面建陵,就要尊重环境、尊重山水,不要一味只顾建筑。据相关史料记载:总的原则是"遵照典礼之规制,配合山川之胜势",把山川环境放在了至关重要的位置。

三是节俭的原则。清朝发祥关外,条件艰苦,满族人最重视节俭,已经形成了一种习惯。所以,皇陵建设也是一样,和明朝帝陵相比,清代帝陵无论从规模到用料,还是从建筑到装饰,都体现一个节俭的原则。

按照这三个原则,清代帝王陵墓的营建受到了一定程度的限制。但是,专制社会里,帝王总会想尽办法,满足自己的虚荣心,甚至不惜浪费民脂民膏,将自己的陵寝修建得极尽奢华,在很多方面让人瞠目结舌。

一是用宝石建陵。昭陵修建的时候,正是顺治初年,清朝处在百废待兴

昭陵隆恩殿宝石地面

的关键时期,国家并不富足。可是,朝廷在给皇太极修建隆恩殿的时候,却不惜血本,居然使用了五种珍贵的宝石:中门门槛外用一块大翡翠石铺地,前面有三级白宝石台阶,台阶两边有臬兰宝石镶嵌,而大殿周围的栏杆,则是一色的青金石,隆恩殿月台地面,还用含有黄金颗粒的金矿石做地板,真是靡费之极。《陪都纪略》中有诗为证:"皇栏杆色润,青金石

阶周。"二是用名贵木料建陵：1. 用金丝楠木建陵。金丝楠是中国特有的名贵木材，现在属国家二级保护树种，在明末就已经濒临灭绝。金丝楠木性稳定，不翘不裂，经久耐用；它赋性温和，冬暖夏凉，香气清新宜人。所以，清朝皇帝都想把自己的陵墓用金丝楠木成建，但是，谈何容易呢？我们已知的帝陵中，雍正帝泰陵、乾隆帝裕陵、道光帝慕陵所用的木料，均为珍贵的金丝楠木。这种木料的采伐极为艰难，据"建筑工程·陵寝坛庙"记载："层峦叠嶂，羊肠鸟道，沿途必须开山辟路，搭材转运，每日只能行程五里。"尽管如此，为了满足帝王的要求，地方也是尽力而为。2. 用黄花梨木建陵。按照《清德宗实录》记载，慈禧陵的三座大殿都是使用珍贵的黄花梨木成建的："大殿木植除上下檐斗科仍照原估用南柏

慈禧陵大殿金龙和玺彩画

木做成外，其余均拟改用黄花梨木，以归一律；东西配殿照大殿用黄花梨木。"花梨木也是一种珍贵的木料，据《博物要览》记载："花梨产交、广溪涧，一名花榈树，叶如梨而无实，木色红紫而肌理细腻，可作器具、桌、椅、文房诸器。"那是明清时皇家做高档家具时使用的木料，而慈禧居然用之建筑自己的陵寝大殿。3. 用黄金做装饰材料。本来皇陵的建筑就极尽奢靡，物料毫不将就，工艺精益求精。可是，慈禧对自己的陵寝有着更高

的要求。她居然听信佞臣的蛊惑,在陵寝三大殿的装修上大做文章,使用了大量的黄金作为装饰材料。在三大殿,共用掉叶子金 4592 两之多。这些黄金通过三种工艺,即贴金、扫金、鎏金等工艺,被装饰在大木架之上,做成金龙和玺彩画,华光闪闪,金碧辉煌。

讲到这里,大家可能要问,既然清代皇陵有很严格的家法和制度,那些帝王后妃为什么不遵守呢? 这在后面详细叙述。

三、这里有令人好奇的帝王后妃

清朝的皇帝究竟有着怎样的性格特征呢? 俗话说,建筑是凝固的历史,同样体现帝王的性格特征。皇帝会根据自己的爱好、兴趣设计而建造自己的陵墓,因为那是他百年后的归宿,是他的万年吉地。所以,我们通过这些陵寝的建筑,能够很清晰地看出帝王的兴趣爱好和性格。这里举几个例子加以说明。

康熙帝景陵的建筑,体现了康熙帝俭朴仁孝的性格特征。

康熙虽然在位 61 年,是我国封建社会历史上在位时间最长的帝王;而且国家又处在盛世时期,国库丰盈,可是景陵的建筑却极为简约:裁掉

景陵望柱、五孔拱桥及大碑楼旧影

石牌坊、石像生，改龙凤门为牌楼门，简单而节省；木料大都为普通的松木，等等。所有这一切，都体现一个目的，那就是节省。而且，景陵还是一个应急工程，当年，孝诚皇后去世，等待入土为安，景陵在设计、采料、施工等方方面面，都采取了将就的办法，对此，《清圣祖实录》记载，康熙帝还进行了解释："目今军需浩繁，民力维艰，著将地宫先行修造，其余一应工程，候国用充足之日次第举行。"康熙帝承诺，现在先将就将就，将来有时间、有钱了，再好好弥补。可是，事实证明，康熙帝并没有弥补什么，景陵于是成为清朝最为俭朴的帝王陵墓。

雍正帝泰陵的建筑，体现出雍正帝勇于改革的创新精神。

雍正帝建陵，最具开创性。他革故鼎新，离开东陵，在易州开辟了一个崭新的陵区，这就是西陵。他的这一举动，为以后清代帝后陵寝昭穆之制的产生奠定了基础。

雍正帝的这一改革，挑战了两个传统观念：一个是《周礼》这个经典。《周礼》是儒家经典"十三经"之一，书中提出的"先王之葬居中，以昭穆为左右"观念，一直被遵守着。雍正帝离开孝陵，就挑战了《周礼》。一个是"子随父葬"。雍正帝的父皇康熙帝葬在东陵的

泰东陵前景

景陵,按照传统,他理应在景陵之旁择地而建,但是,雍正帝离开了东陵,离开了景陵,这就对"子随父葬"这一传统观念形成了严峻的挑战。同时,雍正帝在具体操作中,又有规制上的创新。他一改孝陵一架石牌坊的格局,肇建了三架石牌坊,并在大红门前面两侧增加了寓意深刻的一对石麒麟等。

乾隆帝裕陵的建筑,反映出乾隆帝喜欢大兴土木的性格特征。

乾隆皇帝是个好大喜功之人,他尤其喜欢大兴土木,不管是宫殿、苑囿,还是陵寝,他都不惜大肆铺张。在裕陵,建筑材料毫不将就,木料采自川、广、云、贵的深山密林,为珍贵的金丝楠木;石料则采自蓟县盘山和北京房山,为坚硬耐腐的艾叶青石料;金砖则委托苏州专门烧造,辗转航运而来,等等。建筑上,则增加了一组石像生。考证史料得知,在裕陵之前,泰陵和景陵都没有石像生,是乾隆皇帝自己想建筑石像生,便先给父、祖补建,再行自己修建。可是,裕陵的石像生却比他父、祖的石像生多了三对,为八对石像生。尤其是裕陵地宫,在九券四门的建筑上,全部雕刻了佛教内容。有八大菩萨,有四大天王,有三十五佛,有五欲供图,有30111个字的梵文和藏文经咒,整个雕刻用了三年多的时间,《内务府来文·陵寝事务》中这样记载:"裕陵写画金券各样及镌刻工作三年有奇,始行完竣。"大家想一想,光销算的黄册就用了六本,难怪要花掉三年多的时间呢。

道光帝慕陵的建筑,反映出道光帝具有矛盾的性格特征。

道光帝慕陵的建筑,至少在两个方面体现他矛盾的心理。他在即位之初,就发布《声色货利论》,阐明节俭治国理念。可是,他却将耗费巨资建筑的东陵宝华峪陵寝全行拆除,然后又在易县耗费巨资修建了新的陵寝慕陵。平时节俭得都穿补丁裤子,却不惜浪费数百万两白银另建陵寝,这不是自相矛盾吗? 另外,道光帝知道自己执政期间,发生了鸦片战争,割地赔款,有损大清颜面,所以,据《慕陵神道碑文》记载,在他临终之际,叮嘱儿子咸丰帝:"陵寝断不可建立大碑楼,遽称'圣德神功'字样。"也就是告诉儿子千万不要给自己建大碑楼树碑立传、歌功颂德,那样会贻笑后人的。这本来很明智,可他并不甘心就这样委屈了自己,又叮嘱儿子,要在小碑楼的背面石碑上,镌刻自己的功绩。大家说,这道光帝是多么矛盾的一个人啊。

人的性格是复杂的，通过帝王陵寝这些建筑，能理解的皇帝性格是什么呢？

四、这里埋葬着林林总总的清宫迷案

清宫迷案很多，诸如清初三大疑案、清宫八大疑案等等，很多说法。这些疑案，人们很感兴趣。本书要说的是，这些疑案，几乎都可以在清代帝王陵寝中找到答案。比如：

一是太后下嫁。

关于太后下嫁这件事，在清史界一直争论不休，有的说真，有的说假。那么，坚持太后下嫁观点的人，最有力的一个证据就是她不肯回东北，与丈夫皇太极合葬，而是葬在了东陵之内，修建了规模不小的昭西陵，还美其名曰"我心恋汝父子"——因为我留恋你们爷俩，所以如此。而且，持此观点的人进一步指出，因为孝庄的行为，她的儿孙不能叫她进入陵区，便只好在风水围墙之外，修建了一座陵寝，惩罚她做个警卫，给儿孙看守大门。似乎言之凿凿。不管怎么说，研究者坚持使用陵寝这一论据，来支持自己的观点。

二是顺治出家。

有人说，顺治帝在爱妃董鄂妃去世之后，万念俱灰，剃发出家，做和尚去了。也有一些文艺作品，演绎得绘声绘色。更有人说，清东陵中，除了孝陵没有被盗掘之外，其他所有的陵寝历史上全部被盗，就是因为顺治出家了，地宫之中没有珍宝，是空

孝庄皇太后朝服画像

的，所以没人盗掘。然而，我们通过查阅《钦定大清会典事例》中关于陵寝的史料发现，事情的真相并非如此："世祖章皇帝宝位奉至地宫，安设宝床上正中；奉孝康皇后宝位，安设于左；奉孝献皇后宝位，安设于右。"

　　所以,孝陵地宫之中,并非空穴,而是三坛子骨灰。也就是说,顺治帝没有出家,而是死后火化,葬进了孝陵地宫之中。

　　三是甄嬛身世。

　　近几年,76 集电视连续剧《甄嬛传》热播,剧情跌宕起伏,甄嬛身世扑朔迷离。那么,人们很关心,雍正帝后宫中真的有甄嬛吗? 她到底是谁? 我们通过研究雍正帝陵寝史料发现,甄嬛的原型乃是雍正帝的熹贵

泰东陵前景

妃钮祜禄氏,即乾隆皇帝的亲生母亲。据《高宗纯皇帝实录》记载,雍正帝去世后,棺椁葬进泰陵地宫之中,正准备关闭石门之际,礼部请示乾隆帝,是否给"甄嬛"预留分位,乾隆帝赶忙请示母后,然后下令:"世宗宪皇帝梓宫奉安地宫之后,以永远肃静为是。若将来复行开动,揆以尊卑之义,于心实有未安。况我朝昭西陵、孝东陵成宪可遵,泰陵地宫,不必预留分位。"所以,乾隆帝堂而皇之地给母后修建了典制大备的泰东陵,"甄嬛"八十六岁高龄去世后,就葬进了泰东陵地宫。

　　四是香妃之谜。

　　香妃,在民国年间名声大噪,红极一时。本来名不见经传的小妃子,一夜成名。那么,香妃到底是谁? 真有香妃这个人吗? 她的身体真的能

够发出香味来吗？一时之间，香妃之谜遍地飞：身世之谜、入宫之谜、得宠之谜、死亡之谜、葬地之谜、体香之谜、画像之谜等等，香妃简直就是一个谜团。1979 年，发掘乾隆帝容妃地宫，发现了容妃的头盖骨，经由北京人体专家鉴定，这个容妃就是香妃，她就葬在清东陵的裕陵妃园寝之中。

五是同治帝皇后死因之谜。

同治帝皇后姓阿鲁特氏，由于慈禧不喜欢这个儿媳妇，所以她一入宫就意味着悲剧开始了。同治十三年十二月初五日，同治帝病逝，慈禧拥立年仅四岁的光绪即位，阿鲁特氏作为光绪帝的嫂子，当然是做不成

同治帝和孝哲皇后

太后了，处于十分尴尬难堪的境地，在万般无奈之下，她于同治帝去世后75 天便猝然离世。关于她的死，朝野内外议论纷纷，有人说她绝食身亡，有人说她吞金自杀。如《清皇室四谱》中记载："光绪元年乙亥二月二十日寅刻，绝食崩；或云为慈禧皇太后所扼，吞金死也。"阿鲁特氏到底是怎么死的呢？1945 年，惠陵被盗掘，盗匪打开惠陵地宫，劈开阿鲁特氏的棺椁，发现皇后果然没有腐烂，证明她至少是绝食身亡的，因为只有肠胃里面没有东西，尸体才具备不腐烂的基本条件。

六是光绪死因。

光绪帝死于光绪三十四年十月二十一日,与慈禧太后之死只差一天,第二天,慈禧去世。世上哪有这么巧的事情?于是,人们怀疑,这个傀儡光绪帝之死属于非正常死亡,他是被人毒死的。不过,口说无凭,还需要拿出证据来。这样,人们开始了研究。研究人员利用光绪帝崇陵地宫清理之际,采集了光绪帝的发样、部分葬衣等棺内之物,通过"中子活化"、"原子荧光光度"等科学手段,最终得出这样的结论:"光绪帝系砒霜中毒死亡。"(见《清史研究》)因此,光绪帝之死谜团至此揭开。

毫无疑问,上述清宫迷案,仅凭这些建筑揭秘显然证据单薄,本书会在后面相关内容中依据史料,进行论证和阐述。

五、这里有充满诱惑的奇珍异宝

清朝皇陵的葬宝,是从康熙帝景陵开始的。以前的皇陵,比如永陵、福陵、昭陵、孝陵里面没有珍宝。因为那个时候,实行火葬制度,他们的尸体连同陪葬珍宝一起被火化掉,化为了一坛骨灰。所以,盗墓贼关注清朝皇陵的珍宝,就必然从景陵开始。

慈禧陵地宫出土的香宝

有一个问题必须向大家讲清楚,那就是珍宝的分布,也就是说那些珍宝大致分布在哪些地方? 大致说来,清朝皇陵里的珍宝,主要分放在五个区域:

1. 金井。金井其实就是穴位,是建陵之前由风水先生确立的一个点。在施工过程中,这个点逐步变成了一个直径约 15 厘米,深约 150 厘米的井,这个井就是将来死者棺材压住的地方,所以至关重要。为了防止陵寝被盗,皇帝们都会在生前向金井中投放镇墓之宝,这些宝贝都是他们生前的最爱。比如慈禧,生前就曾四次来到自己陵寝的金井前,向金井内投放镇墓之宝。

2. 穿戴。毫无疑问,那些去世的帝后妃们,都要按照生前身份,穿戴整齐下葬。所以,他们穿在身上的那些朝冠、朝服、朝珠等等,都是珍贵之物,上面会有很多值钱的金玉珠翠,对盗墓贼同样有吸引力。

3. 塞棺。帝后妃去世,尸体被放进棺椁之中,一般会在其周围安置一些宝物。主要目的是怕死者一个人在棺中太寂寞。当然,这些珍宝的多寡,那就要看死者生前的富有程度、宫中地位,等等。

4. 含口。就是饭含,《公羊传》有:"含者何? 口实也。"含口自古有之,目

慈禧地宫出土的织金陀罗尼经被(局部)

的有两个:一个是不做饿死鬼,口里含饭而去;一个是压住舌头,免得乱说话,惹口舌之灾。含口同样按照规制,一般来讲,清朝的皇帝要用玉蝉含口。蝉就是知了,可以超生转世。而后妃呢,则以东珠压舌。对于后妃的含口,当然要看等级了,等级高的用大东珠含口,地位低下的就会用小珠子,甚至是米珠。

5. 进献。是指帝后妃去世后,在大殓之前,与之做最后诀别的时候,允许生前友好献宝。所以,这就要看人缘、地位和权势了。

最后,一切程序都做完了,要在死者和珍宝上面盖上一床陀罗尼经被。之所以用陀罗尼经被,是因为这种经被能够帮助死者超度,尽快进入西方极乐世界。清朝,上自皇帝,下至百官,都使用陀罗尼经被。后宫里的后、妃,据《道咸以来朝野杂记》记载:“皇后至妃嫔亦皆用陀罗呢衾、陀罗呢缎。贵人以下,则待恩赐方准用。”盖上经被,就要与死者最后告别了,因为盖完经被,就要盖上棺盖了。

这些帝王后妃珍宝的暴露,源于陵寝盗案的发生,而盗案的发生是在王朝覆灭之后。在动荡不安的年代里,金碧辉煌的陵墓吸引了盗墓贼。而且,这个时期的盗墓,已经不同于历史上以往的盗墓事件了。历

被盗之前的慈禧陵老照片

史上，盗墓贼曾经发明过像洛阳铲之类的盗墓工具。盗掘清陵就不一样了，那些盗贼都带着现代化的武器，武装盗墓，使用工兵和炸药，规模之大，简直难以想象。

　　清陵中最大的一次盗案，发生在1928年7月，军阀孙殿英调动部队，使用工兵和炸药，炸开了慈禧太后的定东陵和乾隆皇帝的裕陵。这个事件，在当时就震动了世界，各大媒体都进行了报道，《东陵盗案汇编》记载："青岛破获案犯三名，取有贼证。据供，系孙殿英随从兵。此案确系孙殿英为现行正犯。"此后，1938年，在西陵又发生了不明身份的军人盗掘光绪帝崇陵事件。到1945年，日本投降，东陵地区鱼龙混杂，又发生了土匪张尽忠和王绍义盗掘康熙帝景陵、咸丰帝定陵、同治帝惠陵等事件。至此，清代豪华的帝王陵墓，已被盗掘得千疮百孔，宝物遭到劫掠。下面介绍一些清帝陵著名的珍宝。

　　慈禧的珍宝。

　　慈禧奢华成性，她去世后随葬满棺珍宝。其中，最著名的有口中所含夜明珠，棺中陈列翡翠白菜、翡翠西瓜、碧玺荷花等等。这些珍宝可谓价值连城，有说价值白银五千万两，也有说价值白银一亿两的，所以，据

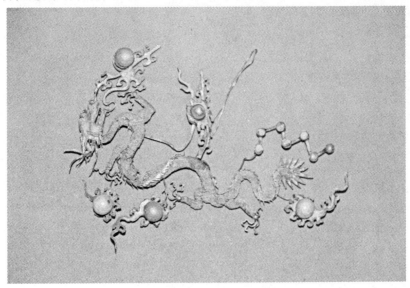

裕陵地宫被盗遗存——金龙

《古玩指南》透露,有人评论:"慈禧葬物若均追回以之还外债,尚可余若干万,足可富国也。"这是民国年间的估价。

乾隆的珍宝。

乾隆皇帝喜爱珍玩,生前又处在盛世时期,棺中珍宝肯定不少。但是,很遗憾,他的裕陵地宫出现了渗水,棺材被淹在很深的积水之中,如果有珍贵字画或者丝织品的话,那也早就烂掉了。而落在孙殿英兵匪手中最为著名的宝物,就是乾隆帝生前很喜欢的那柄九龙宝剑。这柄宝剑辗转过多人,还曾经落在汉奸川岛芳子的手里,又经过国民党军统头目戴笠之手。戴笠准备把这柄宝剑献给蒋介石,在 1946 年 3 月 17 日,乘专机由青岛飞往南京时,因南京上空乌云密布、雷电交加,不得已转飞上海;但这时上海的天气也不适合飞机降落,只能改飞徐州降落,途中在南京西郊的岱山失事身亡,这柄宝剑也随之被焚毁。1947 年,戴笠被埋葬在南京紫金山墓地,这柄残废的宝剑陪葬于他。

康熙的珍宝。

康熙帝一生简朴,不好珍玩。可是,他的随葬物中确有珍品。1945年,景陵被盗,盗匪用炸药轰开了景陵地宫,盗得大量珍宝,其中有两件奇珍:一件是九龙玉杯。这件珍宝非常有名,京剧折子戏《三盗九龙杯》说的就是这件宝物,主角杨香武就是以三盗康熙九龙玉杯而名闻天下,九龙玉杯在这次盗案中被盗走。另外一件是金丝龙,据《我所知道的清东陵第二次大盗案》记载:"盗陵首犯张尽忠被军统局逮捕后,当场搜出金龙一条,长一尺多,拿在手中全身会动,活灵活现,栩栩如生,是由康熙的景陵盗出的。"这是当时审理盗陵犯的书记官高学仁的记述。

那么,我想大家一定很想知道,这些盗匪打开地宫的瞬间看到了什么?地宫中有机关暗器吗?这些帝王后妃的尸体怎么样了?他们盗走的奇珍异宝都到哪里去了?等等,上述谜团,将会在后面的相关内容中一一揭开。

总之,清代帝王陵墓,是一部凝固了的清代历史,它们见证了这些帝王后妃生前死后的是是非非,许多历史真相蕴含其中。

第二讲

开启清朝福祉的福陵

这一讲主要介绍努尔哈赤的福陵。努尔哈赤是清朝的开国皇帝,他五十八岁称汗,在位 11 年,六十八岁去世。努尔哈赤戎马一生,身经百战,波澜壮阔,艰辛异常。可是,努尔哈赤去世后,他的儿子皇太极继位,在崇德元年,却给他父汗的陵寝命名为"福陵"。大家不禁要问,这个劳神辛苦一生的努尔哈赤何福之有呢?

什么是"福"呢?这里需要解释一下。福字,《韩非子》中这样解释:"全寿富贵之谓'福'。"从这个意义上讲,努尔哈赤终年六十八岁,在那个时代,已过花甲之年,与古稀之年只有两岁之差,也算是长寿。他拥有万民,为大金国的汗王,也可谓富贵。这是从字面儿上理解。

努尔哈赤福从何来?大家一定很想知道。

福陵图

一、风水之福

　　谈到福陵风水,这里有一个传说。相传,努尔哈赤去世后,皇太极四处为父汗寻找风水宝地,以便建陵安葬。有一天,皇太极出城打猎,来到盛京城东的石咀头山,见这里山势陡峻,紫气蒸腾,很有王气,便决定登山一看。当他登上山顶以后,便见到了一个奇观:一条大蛇正在和一只漂亮的雉鸡在一起厮打嬉闹。看见有人前来打扰,雉鸡翩翩飞上了天。那条大蛇见状,也幻化成一道光柱,升天而去。皇太极和众人都看呆了,过了一会儿,皇太极恍然大悟,这不就是龙凤之地吗?大蛇是龙,雉鸡为凤,龙凤呈祥之地,不就是大富大贵之地吗?于是,皇太极大喜过望,命人赶紧埋下志桩,做了标记,钦命此处为努尔哈赤的万年吉地。当然,这是个神奇的传说。

福陵方城

　　实际上,福陵的风水选择有两段经历:一段是天聪三年,皇太极派出风水术士选择,看重的是盛京城东边的石咀头山,当时,由于受汉文化影响相对较小，风水的概念并不很强烈。第二段经历，则是在顺治年间，朝廷派出杨宏量和杜如预两位精通风水的汉人，前往勘测。杨、杜二人对石咀头山进行了风水勘察，最终两位认定，穴位应该定位在石咀头山之巅。

可是，作为大清朝开国皇帝的陵山，怎么能叫石咀头山这样一个很土的名字呢？当时，皇太极尚在关外，没有统一全国，还没有心思想这个问题。可是，到顺治登基，清朝大一统的局面即将形成，便在顺治元年十月，改福陵陵山石咀头山为"天柱山"。为什么要改为天柱山呢？原来《淮南子》有这样的记载："昔者共工与颛顼争为帝，怒而触不周之山。天柱折，地维绝。"也就是说，共工与颛顼这两个人争夺帝位，共工愤怒之下，撞向昆仑山，把这个山给撞断了。但是，昆仑山是天与地之间的支柱，支柱一断，大家看一看，就要天崩地裂了，都世界末日了，可见天柱的作用之大。这个天柱山，就好像大清的国家柱石一样，支撑着这个王朝，支撑着整个国家。

这就是努尔哈赤的福气，他的子孙们把他安葬在这样寓意深刻的吉

福陵大明楼

祥之地,既是对他的祝福,也希望努尔哈赤保佑他的子孙后代,给大清带来无限之福。

所以,在这样一处福地之上,努尔哈赤的福陵建成了。可是,令人没有想到的是,这样一座陵寝,居然是经过五代皇帝的努力才最终建成的。

二、建筑之福

一座陵寝,一般来讲,一朝即可完成。比如努尔哈赤自己建成,就算是努尔哈赤没有考虑自己的身后之事,那他的儿子皇太极即位后,也可以为他完成。可是,这座福陵竟然历经五个朝代,经过五位皇帝的努力,才最终建成。大家看看,都哪几位皇帝为福陵的建筑做出了贡献呢?

皇太极建福陵。天聪三年,皇太极最早为努尔哈赤在石咀头山建陵。当时,由于受到条件的限制,主要是战事不断,国家未定,所以,努尔哈赤的陵寝极为简单,据《沈阳状启》记载:"所谓墓,则构瓦屋三间,前有小门,如库间之状,而藏骨于其间云。"这是一个朝鲜的人质随皇太极到福陵祭祀时看到的场景,当时皇太极建的福陵很简陋,只有犹如库房一样的几间瓦屋而已。

顺治帝建福陵。顺治帝即位后,改建并完善福陵建筑。顺治七年,建石像生;顺

福陵角楼

治八年,扩建享殿;顺治十六年,建方城和四角角楼。可以看出,顺治年间,尤其是顺治帝亲政之后,出于对努尔哈赤的尊崇,增添了很多建筑,使福陵初具规模。

康熙帝建福陵。康熙帝即位,对福陵做了两个大贡献:一是修建了地宫。这是一个根本性的改变。之前,努尔哈赤的骨灰只是安放在享殿之内供奉,并没有实现真正意义上的入土为安。据《清圣祖实录》记载,康熙二年九月,朝廷为之建造福陵地宫,"十二月辛酉,改造福陵地宫完成,安奉太祖高皇帝宝宫"。这里说是改造地宫,实际上就是新建。这是康熙帝对努尔哈赤的重要贡献,实现了逝者入土为安的目的。二是修建了明楼和大碑楼。康熙四年,建明楼;康熙二十七年,建大碑楼。这两个建筑,对于帝王来讲同样至关重要:明楼书写陵名"太祖高皇帝之陵",标志所属;而大碑楼则雕刻了努尔哈赤一生的丰功伟绩,垂范后世。这两座楼,对于努尔哈赤来讲,是再重要不过的了。

雍正帝建福陵。雍正帝即位后,出于对福陵安全的考虑,修筑了红墙,由大红门两侧开始修起,一直到宝顶之后,将全部建筑围在其中,使得福陵各建筑之间紧密呼应,连为紧密的整体。

努尔哈赤画像

乾隆帝建福陵。乾隆皇帝对于福陵,可以说是力求完美。他不仅增添了原来没有的二柱门和石五供,还对福陵几乎所有的建筑进行了拆修、大修,使得福陵的建筑更加完善,功能更加齐全。最终,福陵形成了现在的规模。

所以,努尔哈赤的陵寝,还真是一座福陵,因为他吸收了一个半世纪的建筑精华,不断完善,不断更新,不断接受着后世子孙的孝敬,这难道不是一种福气吗？说实在的,自己建的陵寝,即使再好,那也不如子孙后代出于孝敬而建的陵寝更有意义,也更加欣慰。

所以,由于福陵的建筑跨越时空长,经历了五位皇帝,这些建筑便具有了一些明显的特点：

一是体现艰难。

少年艰难。其实,讲到这里,我们回顾一下墓主人努尔哈赤,最明显的一个印象就是艰难。努尔哈赤一生本来就很坎坷。他十岁丧母,继母对他又刻薄寡恩,所以,少年的家庭环境很不好,给幼小的努尔哈赤留下了阴影。然后是十九岁分家单过,他不得不自立生活。这样,他必须经常去山上捡松子、采蘑菇、挖人参,还要去抚顺的马市交易,总之,这一切都是为了生计,很是艰难,他过早就尝到了人间冷暖。所有这些,为努尔哈赤以后政治生涯磨炼了意志,他不会轻易就被打倒。所以,《孟子》所说"天将大任于斯人也,必先苦其心志,劳其筋骨,饿其体肤,空乏其身",努尔哈赤的经历,正应验了这句名言。

起兵艰难。《清太祖实录》记载,努尔哈赤是在极为艰难的情况下,以父祖遗留下的十三副铠甲起兵、用"七大恨"誓师讨明的。这样的实力和条件,怎么能够向一个国家宣战呢？其艰难程度可想而知。

作战艰难。在努尔哈赤征战各部、统一女真的艰难岁月里,凭借少年时候的艰难经历和超人意志,取得了一个又一个胜利。史载,努尔哈赤是一个非常勇敢的人,在最艰难、最危险的情况下,从不畏缩,据《福陵神功圣德碑文》记载："太祖皇帝神武天锡,决机制胜,变化若神,每战辄单骑深入。"这还有什么困难不能克服呢？难怪他打了那么多胜仗。

所以,努尔哈赤福陵的建筑中,不可避免地体现了艰难这一点。在福陵,至少有两点体现出努尔哈赤一生不平凡的艰难经历。

首先,福陵建在了山巅之上。

我们知道,明清帝陵的做法,都是在山之阳选择陵址。要求是龙、砂、穴、水无美不收,形势、理气诸吉咸备。就是说,要在一处北高南低的相对平坦又开阔的地方,点上穴位建陵。这种做法有两个原因：第一、防止北风吹到。大家想,在山之阳的山窝里面,北风自然就不会吹到,墓主人就不会感到寒冷,也不会被风吹得魂飞魄散,所以,古人选择这种办法点穴位。第二、相对安全。在山窝里面点穴，又有两侧砂山环绕，形成了一个独立、安静的小空间，自然就很安全了。

可是，福陵的建筑却在山巅之上。我想这正是他的子孙们的用意。它向世人说明太祖努尔哈赤创业之艰，所谓"高处不胜寒"啊。

其次，福陵的一百单八磴。

在福陵，大碑楼和石像生之间，有一个角度约为 45°的斜坡。在这个斜坡上，设计师设计了台阶，而台阶的数量是 108 个，号称"一百单八磴"。福陵的这种做法，独一无二。关于这个一百单八磴，流传着几种说法：

第一、佛教的寓意。我们知道，108 这个数字，在佛教中是常用的数字。如念珠的个数是 108，教徒念经要 108 遍，寺院敲钟要 108 下，等等。

第二、星宿的寓意。据说，天上有三十六天罡星、七十二地煞星，这些都是不吉祥的星宿。在我国古代四大名著之一的《水浒传》第七十回中，就有"三十六天罡临化地，七十二地煞闹中原"这样的话。所以，建筑

福陵一百单八磴

专家把这些凶神恶煞设计成 108 个台阶,要人们世世代代踩在脚下。

还有一些其他的说法。当然,这些都是后人附会上去的,并没有史料依据。

其实,我个人认为,福陵的设计者,很可能是考虑到了努尔哈赤的坎坷经历、艰难的人生阅历,设计了"一百单八磴",向后人昭示努尔哈赤人生之艰、创业之艰。同时,对后世也是一种激励,知晓艰辛才珍惜当今嘛。

二是体现朴素。

我们知道,满族发祥关外,生活艰苦。入关后,虽然夺得了天下,满族的皇帝仍然时时告诫他的子孙不要忘本,节俭朴素的传统从来没有丢掉过,就连皇帝们选择皇后的标准,都是要以俭朴为先。

在福陵的建筑中,恰恰体现了这一俭朴的传统。福陵的最前面,曾经设置了"栅木"1514 架。这些栅木是有用途的,作为帝王陵寝,忌讳被人打搅,要防止闲人闯入,所以,设置了这些栅木,其实就是"拒马木"、"挡众木",是一种警戒工具。福陵的这种做法,既节省了经费,又很实

福陵茶膳房

用,体现了简朴和务实。这种做法,现在我们在永陵里面还能看到,永陵的最前方,还保留着这种"栅木"。

三是体现实用。

福陵的建筑,最大的一个特点就是实用。我举几个例子:

首先,为制作贡品准备了设施。陵寝每年要有很多次祭祀活动,包括大祭和小祭。大祭就有清明、中元、冬至、岁暮和帝后忌辰;小祭是每月的初一和十五,十二个月就是24次。此外,每遇重大事件或节庆,都要派人前往祭祀。每次祭祀,要用大量的祭祀品。所以,为了便于祭祀用品的制作,福陵前面设置了"涤品井",用来汲水。而"冰窖",则是在炎热夏季,避免祭祀用品变质而准备的冰库。"晾果房",是晾晒果品等祭祀品的地方。这些设施,分工明确,用途明晰,非常实用。

其次,石像生体现了实用性。实际上,石像生是一种仪式的摆设,没有实际意义。一般帝王陵寝的石像生,都是一些形式上的东西。可是,福陵的石像生却表现得很实用。福陵有四对石像生,是清帝陵中石像生最少的。有骆驼、马、虎、狮子四个品种。这些动物,现实生活中都有,并

福陵石像生——骆驼

不神秘。其中,老虎和狮子非常凶猛,镇墓驱邪的作用非常有效。而马匹则是满洲人须臾不能离开的东西,他们生产需要马匹,打仗需要马匹,交通需要马匹。所以,这些石像生,都很实用,体现了实用性。

再次,福陵城墙四角修建了角楼。这一做法,使我们想起了北京紫禁城的角楼。实际上,这些角楼的设置,并非样子货。它有两个作用:第一,漂亮。大家想一想,在方城的四角建置了角楼,对称设置,挺漂亮的。第二,安全考虑,这是最主要的用途了。在中国古代的建筑中,防御性作用也是一大考量,结合现存紫禁城中的四角楼来看,居高临下,便于瞭望、侦察敌情。

四是体现祝福。

毫无疑问,既然福陵的建筑是他的儿孙们给建的,那么这些建筑就要有一个宗旨,那就是为逝者服务,让逝者满意。总之一句话,就是要为逝者祝福,使努尔哈赤在另外一个世界,享受到子孙的孝心。福陵的建筑里面,最能体现祝福的,就是在宝顶上栽了一棵神树——榆树。

福陵月牙城和宝顶神榆

福陵宝顶之上的这株神树,据专家考证,是乾隆帝种上去的,体现了对努尔哈赤的尊崇和祝福。

大家可能感到很奇怪,榆树是一种很普通的北方树种,怎么就成了神树了呢?原来,这榆树很有来头,它是满族的吉祥树,被奉为神树。乾隆皇帝的《神树赋》记载:"兴祖宝鼎前生瑞榆一株,轮囷盘郁,圆覆佳城,尊之曰神树。"所以,乾隆皇帝很高兴,称之为神树,并作了一首《神树赋》。这首《神树赋》,被看作是乾隆帝对祖先的敬仰和祝福。

所以,福陵成为万人瞩目的大清福地。许多年来,清朝的人们,无论皇帝还是臣子,都十分仰慕福陵,纷纷来到福陵追福、祈福。

首先,皇帝来到福陵。

从康熙十年开始,到道光九年的 150 多年间,先后有四位清朝皇帝十次来到福陵,荐福祈福。

康熙帝三次亲临福陵。康熙十年,康熙帝以"寰宇一统,用告成功"的名义,到福陵祈福相告;康熙二十一年,康熙帝以"三藩平定",到福陵祈福相告;康熙三十七年,康熙帝以平定准噶尔叛乱,来到福陵祈福相告。

乾隆帝四次亲临福陵。乾隆皇帝分别于乾隆八年、乾隆十九年、乾隆四十三年、乾隆四十八年四次来到福陵,向先祖努尔哈赤祈福、祝福。当时,正处在乾隆盛世,国家有钱,乾隆皇帝对福陵的建筑多有增崇,为完善福陵做出了贡献。

嘉庆帝两次亲临福陵。嘉庆帝延续了其父乾隆皇帝的做法,曾于嘉庆十年、嘉庆二十三年两次来到福陵,向先祖努尔哈赤祝福、祈福。

道光帝亲临福陵。道光九年,道光帝来到福陵,是清朝皇帝中最后一位来到福陵祈福的帝王。道光即位,清朝真正进入了衰世,因而在福陵的活动,不仅时间短暂,场面也冷清了很多。

其次,王公大臣追随福陵,陪葬福陵。

在福陵附近,有数座陪葬墓,这些慕名追福之人,像众星捧月一般,陪伴在努尔哈赤福陵的旁边。

一是两位皇子追随父汗,陪葬福陵。

汤古岱陪葬福陵。汤古岱是努尔哈赤第四子,立有战功,崇德五年去世,年五十七岁,建坟陪葬在福陵之旁。

塔拜陪葬福陵。塔拜是努尔哈赤第六子,立有战功,很得皇太极的赏识。崇德四年去世,终年五十一岁。塔拜有子八人,子孙繁衍可谓兴盛。皇太极特命陪葬福陵。

我们知道,努尔哈赤后妃众多,子女也多:皇子十六人人、公主八人,可是,在福陵周围陪葬的努尔哈赤诸子中,仅此二人。究其原因,谁要想给努尔哈赤陪葬,那得新汗皇太极说了算。皇太极的标准究竟是什么呢?

第一,立有军功。那个时代就是这样,一切要看军功。汤古岱和塔拜都曾跟随努尔哈赤南征北战,立有军功,史有记载。

第二,两位出身卑微,皇太极喜欢这样的人。汤古岱和塔拜为同父同母的兄弟俩,他们的母亲是努尔哈赤的庶妃钮祜禄氏。钮祜禄氏出身寒微,从不与人争利,对皇太极构不成任何威胁。

第三,两位都很谦谨。其实,在皇家相处,最关键的是要小心谨慎,绝不要过分张扬,否则,即会招来杀身之祸。汤古岱、塔拜兄弟了解这一点,他们小心处事,认真做事,都立有军功。即使偶尔犯有错误,皇太极也不会计较的。比如汤古岱,据《清皇室四谱》记载,他曾经因为援军不到而弃城逃走,皇太极很生气。但汤古岱态度很好,主动负荆请罪,请求

福陵隆恩殿月台的石栏杆

皇太极杀了自己。这样,皇太极的气就消了:"天聪四年六月,以罪籍产。"这处分已经很轻了。过了两年,皇太极就又重新起用了汤古岱。

二是两位开国元勋追随努尔哈赤,陪葬福陵。

第一,费英东陪葬福陵。费英东姓瓜尔佳氏,早年追随努尔哈赤,备受努尔哈赤宠爱,授予辅政五大臣之一。《清史稿》本传记载,费英东作战勇敢,身先士卒,每战必胜,每攻必克:"佐太祖成帝业,功最高。"所以,努尔哈赤把自己的孙女——长子褚英的女儿,下嫁给了费英东。

第二,额亦都陪葬福陵。额亦都姓钮祜禄氏,与努尔哈赤交往密切。据《清史稿》本传记载,他作战勇敢,功勋卓著,是清初议政五大臣之一。额亦都对努尔哈赤忠贞不二。额亦都次子达启,从小在宫中长大,并娶了公主。可是,达启极为骄纵,即使在皇子们面前也很无礼。额亦都便果断采取措施,召集家人,宣布达启罪状,"引达启入室,以被覆杀之"。努尔哈赤得到消息后,深受感动,夸赞额亦都:"为国深虑,不可及也。"

三、无福之人葬福陵

尽管努尔哈赤的福陵如此具有魅力,是一块不可多得的福地、宝地。可是,让人意想不到的是,在福陵里面,埋葬的却是一群经历非常不幸的人,可以说是没有福气的人。

按照史书记载,福陵里面共埋葬了十个人:努尔哈赤、孝慈高皇后、大妃阿巴亥、继妃衮代、庶妃阿济根和代因扎以及四个陪葬婢女。

努尔哈赤死不瞑目。

努尔哈赤一生戎马生涯,征战无数,可以说是一位常胜将军,几乎不打败仗。天命十一年正月,自负的努尔哈赤以六十八岁高龄,领兵6万,渡辽河,攻宁远孤城。守宁远的明将,是一位没有领兵经验的书生袁崇焕。努尔哈赤太小看袁崇焕了。他下令攻城,下令射箭,可是,一切都没有起作用,袁崇焕不降,努尔哈赤便下令强攻。袁崇焕用的是新式武器红衣大炮,火力强大,据《清皇室四谱》记载,努尔哈赤在作战中不幸中炮,"被创甚"。在这年的八月十一日,他创伤发作,不治身亡。我们说,努尔哈赤临终之际,至少有三大遗憾:

一是败给一个书生不甘心。袁崇焕是一个名不见经传的书生,没有战绩,而且才四十二岁,堪称自己的晚辈,实在不甘心。

二是没有臣服明朝。努尔哈赤是一个有远大志向的政治家,他的目标绝非东北一隅。在统一女真各部、统一东北地区之后,他的目标一定是继续努力,臣服或灭掉明朝。因为,他已经创建了文字,已经建立了政权,国家的雏形已经形成。就这样去世,没有实现更大的目标,他不甘心。

三是只差两岁未登古稀。努尔哈赤去世的时候,是六十八岁。古代有一种说法,叫做六十花甲、七十古稀,也就是能活到七十岁,在那个年代实属罕见。努尔哈赤身体一直不

袁崇焕雕像

福陵隆恩楼

错,如果没有这次宁远战败,活到七十多岁是没有问题的。也就是说,再过一年多点儿,他就可以达到七十岁。所以,他以六十八岁去世,实在不甘心。

孝慈高皇后抱憾离世。

孝慈高皇后名字叫孟古姐姐,属叶赫部。她十四岁嫁给努尔哈赤,婚后四年生皇八子皇太极。二十九岁那年,孟古姐姐病重,行将离世。她向努尔哈赤提出,要见见亲生母亲。可是能不能实现呢?双方是敌对的交战方,努尔哈赤并没有把握。据《清列朝后妃传稿》记载,结果居然是这样的:"后病笃,思见母。太祖使迎诸叶赫,纳林布禄不遣。"纳林布禄是孟古姐姐的亲哥哥,他的冷酷无情,让努尔哈赤愤怒,更让孟古姐姐伤心欲绝,最后,孟古姐姐带着无限的感伤,抱憾离世。

多铎画像

大妃阿巴亥被逼殉葬。

阿巴亥,姓乌拉那拉氏,是乌拉部首领满泰的女儿。她十二岁时,嫁给了已经四十三岁的努尔哈赤。两年后,就被立为大妃,主后宫事。大妃春风得意,生育了三个阿哥:十二子阿济格、十四子多尔衮、十五子多铎,这样,大妃就更加得宠。可是,据《清皇室四谱》记载,至天命十一年八月十一日,太祖不幸病逝,没想到,第二天,大妃就被逼殉葬:"诸子执而逼之乃死,年三十有七。"关于这段史实,资料记载了大妃的抗争:

首先,拒绝殉葬。据《清列朝后妃传稿》记载,当皇太极等人要求她殉葬时,大妃坚决抵制:"大福晋不欲从死,语支吾。"

即使在非常突然的情况下，她意识也很清醒，并坚决拒绝殉葬。

其次，哭闹。在万不得已的情况之下，据《清列朝后妃传稿》记载，大妃企图使出女人的看家本领——大哭大闹："因涕泣谓诸贝勒曰：'吾年十二事先帝，丰衣美食二十六年，何忍离也！'"表达自己的心声，以柔弱之躯进行反抗。

最后，提条件。眼看必死无疑，大妃万般无奈，便提出条件，要求皇太极等要悉心照顾她的三个孩子，尤其是两个幼小的儿子多尔衮和多铎，当时多尔衮十五岁，多铎十三岁，还都是年幼的孩子。皇太极等人答应了大妃的要求，并立下保证。

所以，大妃死于政治斗争，是政治斗争的牺牲品，是无辜的。她当然极不甘心，就这样在盛年被迫离开了她眷恋的世界，和她三个心爱的皇子。

继妃富察氏离奇去世。

富察氏，名衮代。衮代嫁给努尔哈赤之前，曾经是努尔哈赤堂兄威准的老婆。嫁给努尔哈赤之后，也曾有过重要地位，在努尔哈赤面前也曾说一不二。可是，后来发生了变故。查阅史料我们发现，衮代的不幸有以下三点：

一是死因不明。作为努尔哈赤的大妃，衮代屡遭不幸。关于她的死，有多种说法：一说被努尔哈赤处死，原因是她与大贝勒代善私通。一说被亲子杀死。据《清皇室四谱》记载，由于衮代失宠于努尔哈赤，她的亲生儿子莽古尔泰为了取悦于父汗而"弑之"。被亲子杀死，那是最不幸的了。三说病死。当然，也是在极不遂心的状态之下，抱病身亡。

二是子女或一个个被杀，或暴亡。衮代一共生有三子一女，可谓高产。可是，她的这些子女没有善终的，全部被杀身亡。长子昂阿拉，是她与威准所生的阿哥，天聪九年，被皇太极处死。皇五子莽古尔泰，四十六岁暴亡，被削爵，除宗籍，老婆也被分给他人。皇十子德格类，四十二岁暴亡，同样被除宗籍，老婆被赏人。皇十六子费扬古，也在皇太极执政时期被杀身亡，并被除宗籍。这个人是不是衮代所生，还有争议。所生皇三女莽古济，据《清皇室四谱》记载，于天聪九年，被皇太极诛杀，原因是"与亡兄莽古尔泰等谋逆，伏诛"。所以，衮代的这几个子女，比她的结局还要悲惨。

三是先葬福陵,再遭迁出。衮代是天聪三年,随着太祖的几个后妃孟古姐姐、阿巴亥等一起,被葬入福陵的。皇太极虽不待见衮代,但考虑到衮代曾经的地位,还是把她迁葬到了福陵。可是,到顺治元年,摄政王多尔衮却极力排挤她,据《清列朝后妃传稿》记载,"改葬妃富察氏于陵外,以富察氏在太祖时获罪,赐死故也"。最终,衮代究竟葬于何处,就不得而知了。

除此之外,福陵里面还有六位殉葬女子。其中,两位是阿济根和代因扎,是努尔哈赤的庶妃,二人和大妃阿巴亥一起,为努尔哈赤殉葬。还有四位婢女,是孝慈高皇后孟古姐姐的四个殉葬婢女。

所以,我们看,福陵地宫之中,埋葬的或曾经埋葬的这十位墓主人,都曾经遭遇了这样或那样的不幸,十个人之中,有七人是殉葬而死的,三个人是抱憾离世的,这些人无不让当时的人们和后人为之感伤。

四、福陵的沧桑

不仅如此,随着历史的演变,福陵也是历经沧桑。曾经的大清福祉,

福陵正红门

曾经的大清柱石，清朝人引以为自豪的福陵，就在王朝末路的时候，遭遇了灾难。

第一次是在光绪二十六年。这一年正是中国纪元的庚子年，在我们的国家发生了一件大事件，那就是八国联军攻进北京，紫禁城陷落，慈禧太后带着光绪皇帝仓皇出逃。我们的国家和民族蒙受了巨大的屈辱，列强的铁蹄登上了太和殿的宝座，践踏着中华文明。就是在这种情况之下，大清王朝的根基福陵出事了，有人想一把火烧掉它。

这就是沙俄侵略军，他们趁火打劫，攻陷了盛京城，烧杀抢掠。接着，这群强盗进军福陵，准备毁掉大清王朝的这块福地。他们明火执仗，准备了火种，先抢掠了福陵内的金银祭器，接着就要放火烧陵。腐败不堪的守陵兵丁纷纷溃逃，谁也不敢阻拦。就在这千钧一发之际，一位年近七旬、白发苍苍的老人断喝一声："住手!"侵略者大吃一惊，谁这么大胆子，不要命了吗？

这个人就是福陵左翼翼长福禄康阿，老爷子顶天立地站在那里，把侵略者拦住了。福禄康阿痛斥侵略者，并且警告，如果他们敢于放火，他就同归于尽。侵略军被福禄康阿的凛然正气震慑住了，他们也钦佩这种勇敢和忠

福陵西配殿

心,于是放弃了烧陵的计划,灰溜溜地撤出了福陵。福陵避免了一场劫难。

第二次是光绪三十一年。这一年正是日俄战争的关键一年。提起日俄战争,我们中国人会感到无限的耻辱。日本和沙俄为了争夺地区霸权,竟然在我们中国领土上开战,而且还划出一片战区。更让人难以接受的是,清朝必须保持中立。这个时候的清朝已经腐败不堪,落后必然挨打。最终,俄军在福陵组成防线,双方激战,福陵上空战火纷飞。日军的炮火把守陵的官兵炸伤,更为重要的是,日军炮轰了福陵妃园寝。妃园寝的地面建筑哪经得起这些炮火? 在这场战争中,妃园寝被夷为平地。可怜努尔哈赤的那些妃嫔们,清朝已经不能保护她们的灵魂,福陵已经不再是大清的福祉,而成为了列强猎食的目标。

努尔哈赤的福陵,历经天聪、崇德、顺治、康熙、雍正、乾隆几个时代的经营,规模壮丽,成一代规模。努尔哈赤和他的后妃们,安卧在这块福地之中,福陵也就成了清帝祝福、祈福的圣地,清朝的国运才刚刚开始。努尔哈赤去世,他的儿子皇太极继位。皇太极是一位具有雄才大略的英主,也是一位充满谜团的皇帝,他的陵寝将会有哪些神秘的故事呢? 下一讲再介绍。

第三讲

迷雾重重的昭陵

这一讲我们介绍皇太极的昭陵。皇太极是努尔哈赤的第八子，生母是孝慈高皇后叶赫那拉氏。皇太极极富谋略，在对自己非常不利的情况下，清除了种种障碍，继承了汗位。皇太极在位 17 年，期间使用过两个年号，一个是"天聪"，从天聪元年到天聪十年；一个是"崇德"，从崇德元年到崇德八年。皇太极是清朝第一个真正南面称尊的皇帝，他对清朝政权的建立和发展立下了不朽的功勋。崇德八年八月初九日，皇太极在清宁宫猝然离世，《清太宗实录》中说他"无疾端坐而崩"，意思是说他坐着，没得什么病就去世了。这怎么可能呢？从此，皇太极的死，成为史学界争论不休的焦点。同样，皇太极死后，他的陵寝也同他本人一样，充满了谜团。

昭陵图

在昭陵，从风水

到设计,从选料到建筑,到处充满了谜团。每一位到过昭陵的人,都想对这些谜团一探究竟。

一、风水之谜

关于昭陵的风水,这里有一个传说。皇太极继位以后,想到自己百年后,可不能像父汗那样,人都死了,还没有陵寝呢,那显得多尴尬啊。于是,皇太极趁着政闲之余,带着风水术士,来到盛京周围,踏勘山势,看看有没有好的风水宝地。

皇太极一行来到了沈阳西南的仙女河附近时,突然遇到了一个奇迹,他看到了七个仙女在那里等他呢。皇太极也是英雄爱美人啊,他心向往之,便走上前去搭讪。仙女告诉皇太极,她们正在这里等他,已经等了好久了。皇太极很激动,问:"为什么等我呢?"答:"我们是上天派下来嫁与你为妃子的。百年后,我们还可以带着你在这里一起升天,做神仙,永远在一起。"皇太极大喜,刚要近前,仙女们接着说:"不过,我们还有一个条件,你必须在这里找到一百个泉眼,才能实现我们之间的这个约定。"仙女们说完,就升天而去了。

皇太极大喜。他日思夜想,恨不得马上找到这 100 个泉眼,然后,在仙女河这里建陵,兑现与七仙女的约定。于是,他下令在仙女河附近寻找泉眼。结果,很遗憾,只

昭陵风水全貌

找到了 99 个泉眼,就差一个,却怎么也找不到了。原来,是一个姓叶的老头把第 100 个泉眼给藏起来了。叶老头与皇太极有世仇,他绝不让皇太极成仙,便想了个办法,把第 100 个泉眼垒进了灶台里面。所以,任凭皇太极怎么找,也只有 99 个泉眼。皇太极成仙的愿望就此落空了,他在仙女河边建陵的愿望也就成为了泡影。当然,这是一个动人的传说。

实际上,皇太极生前并没有亲自选择所谓的万年吉地。皇太极死于崇德八年八月初九,据《清世祖实录》记载,第二天大殓,就是装进棺材。同时,在沈阳城北十里选择葬地。到九月二十一日"壬子,奉移大行皇帝梓宫,敬安陵寝",棺材就进入昭陵享殿。大家算算,皇太极从去世,到棺材被抬进昭陵,才仅仅过去 42 天。到第二年八月即"顺治元年八月丙寅,恭奉大行皇帝宝宫安葬昭陵"。如果按照传统的方式选择风水,那可得好多年呢。古人云"三年求地,十年定穴",是说找一处风水宝地十分不易。而皇太极的葬地,怎么可能在 40 天之内,连选地带建筑,这么快就全部完成呢? 昭陵的风水究竟怎么样?

所以,只有一种可能,昭陵在最初没有考虑风水问题;而只考虑了一个因素,那就是离皇宫很近,将来出殡和祭祀方便。

昭陵(局部)

但是,皇帝的葬地怎么能没有风水呢? 这种事好说不好听。况且,清朝还需要一处好的风水,来保佑大清江山万代呢。这样,他们想了一个好办法,那就是人造风水,按照风水要素,造出理想的风水佳境来。

于是,清朝开始了大规模的堆山工程。他们动用国家的力量,从很远的地方,运大量的"客土"来堆土山。这个工程非常浩大,最终,堆成长 115 丈、高 6.1 丈的大土山。山的形状,堆出了九个山峰,中间主峰凸起,两侧各有四个山峰,层层低下,两侧则向中间环抱,这样的形式太理想了。当然,既是堆山,那还不堆成最理想的状态? 据《清世祖实录》记载,工程断断续续持续到顺治八年才完成,顺治皇帝亲政,便赐"封昭陵山曰隆业山"。隆业的含义是指大清江山兴隆昌盛。

尽管隆业山是人工堆筑而成的,可是,清朝的臣子们无不夸赞它的神奇。如道光帝夸赞:"九围城廓开宏绪,万国威怀集大勋。"(道光《恭谒昭陵》)而《盛京通志》更是极尽夸张之能事,赞美隆业山:"包罗万象,跨驭八荒之势。辽水右回,浑河左绕,佳气轮回葱郁,诚万年之业,非偶然也。"说得天花乱坠。真有那么好吗?

二、陵名之谜

昭陵这个名字,据相关史料记载,是在顺治元年八月初九,皇太极病逝一周年之际,朝廷下旨确定的:"顺治元年八月,以礼焚化大行皇帝梓宫。葬毕,荐名'昭陵'。"那么,皇太极的陵寝名字为什么叫做"昭陵"呢?有什么谜呢?之前并没人注意。可是,乾隆皇帝却进行了研究,于是昭陵的名字成了一个课题。这里有三种说法:

第一,沿用了唐太宗的陵寝名字。

昭陵隆恩门

对皇太极昭陵名字认识最深刻又最动脑筋思考的要算乾隆皇帝了。乾隆皇帝最仰慕皇太极的功绩,他到昭陵四次,分别在乾隆八年、乾隆十九年、乾隆四十三年、乾隆四十八年。每来一次,乾隆帝都是毕恭毕敬地行礼,并写过多首谒陵诗篇,歌颂皇太极的功绩。

乾隆皇帝因为多次来到昭陵,对这个名字的来源进行了深度思考。他认为这个名字是参照了唐太宗李世民的昭陵最终命名的。乾隆皇帝从三个层面进行了说明:首先,皇太极和李世民一样,都是王朝的第二代帝王。最重要的,他们的功绩都非常大。李世民那还用说吗?功劳大得很;而皇太极是清朝的肇建者,第一位真正的皇帝,又是满族的奠基人,那功劳之大还用说吗?都是王朝的关键性帝王。其次,他们两个的庙号都是太宗,李世民为唐太宗,皇太极为清太宗。庙号,就是帝王在太庙中的称谓。再次,两个陵寝都有墓主人的石马雕刻,唐昭陵有李世民的六骏马,清昭陵有皇太极的两白马。当然,这只是乾隆皇帝的个人想象而已,不一定符合史实。我认为,"太宗说"不成立,因为昭陵这个名字确定的时候,皇太极还没有被称为太宗呢。

第二,源于昭穆制度的说法。

昭穆制度见于《周礼》。在这部典籍中,明确了王室中葬位的排列顺序:"先王之葬居中,以昭穆为左右。"就是说老皇帝死了,其葬位在最中间,他的儿孙则在两边排列,其中,儿子在东为昭,孙子在西为穆。但是,我们分析一下,看看昭陵这个名字是不是来源于此。在沈阳周围有两个清代帝王陵寝,一个是努尔哈赤的福陵,在沈阳东边;一个是皇太极的昭陵,在沈阳北边,两个陵寝根本就构不成昭穆关系。所以,这种说法不成立。

第三,源于"昭"字本身的含义。

还有一种说法,那就是清朝的礼臣们根据皇太极的功绩,为他的陵寝命名,起到彰显墓主人生平功绩的作用和效果。经过千挑万选,最后"昭"字当选,被命名为昭陵。我们考证了"昭"字的含义,《说文解字》中说:"昭,日明也。"其实,就是日光、亮光的含义。也就是说,昭陵的昭字,是彰显墓主人功绩的含义。

所以,清朝的统治者们所定昭陵这一名称,极有可能是来源于第三点,那就是"昭"的字义本身,是光明、显著的含义,是要光大皇太极功绩的意思,而和唐太宗李世民似乎没什么关系。两位功绩卓著的帝王陵寝的名字,都被称之为昭陵,那应该是历史的巧合。至于乾隆皇帝的说法,无非是想提高皇太极的政治地位,为他歌功颂德而已。

三、宝石建材之谜

我们知道,皇家陵寝建筑奉行"事死如事生"的理念,在建筑物料的采用上毫不含糊,当然是选择世间最好的,不怕花钱,这是没有争议的。尽管如此,那也是有限度的,不可能毫无标准、恣意挥霍。但我们在皇太极的昭陵隆恩殿内外,却看到了毫无节制的靡费,那就是在这里的地面石中,我们居然看到了五种珍贵的宝石。我们知道,宝石是人们的宠物,因为珍贵而被做成首饰。可是,在昭陵隆恩殿的地面,我们居然看到了用珍贵的宝石做建筑材料。

第一,用翡翠石铺地面。在昭陵隆恩殿中门檐子下面,有一块翡翠石。这块珍贵的翡翠石呈现长方体:长六尺,宽三尺,厚度不得而知。此

隆恩殿护栏(局部)

石呈淡黄色,半透明,其中夹杂有淡绿色和白色的斑块,色彩斑斓绚丽,弥足珍贵。

这块石头是来昭陵祭祀时候,主祭人员向墓主人行礼的处所。而在清朝,能够向墓主人行礼的人,除了皇帝,就是王公,此外不会有其他人。所以,清朝来昭陵祭祀的各位帝王如康熙、雍正、乾隆、嘉庆、道光等皇帝都曾经跪在这块宝石上面,向皇太极的神牌行跪拜礼。《陪都纪略》中,是这样记载古人歌颂这块翡翠石的:"翡翠玉拜石,当年国富修。美玉非为宝,一善壮宏猷。"

第二,白宝石台阶。在翡翠玉拜石前面,是三级台阶,而这三级台阶居然用三块白宝石铺成。这三块白宝石非常莹润,细腻如油脂,望之欲摸。它们的润泽令人心动,触手可及。

第三,臬兰宝石。资料记载,在白宝石台阶的东西两侧,曾经各有一块臬兰宝石。此种宝石在清代官制中,是作为三品官的顶戴标记,也就是帽顶的宝石,其贵重程度由此可见一斑。

第四,青金石做护栏。隆恩殿台基的护栏是一种贵重宝石青金石,此石为青色,里边夹杂许多黄白色大小不等的颗粒,是清代四品官员的顶戴。《陪都纪略》这样夸赞道:"皇栏杆色润,青金石阶周。"

第五,金矿石地砖。在隆恩殿月台地面,铺墁的是用"金矿石"打磨成的宝石地面,石中夹杂许多金粒,黄金成分很高,在阳光的照射下可见其光斑闪耀,分外夺目。

这些宝石铺就的地面,彰显了昭陵的富贵;但从另一方面,我们也看到封建帝王在陵寝建筑上的奢靡之风。

四、石像生之谜

昭陵的石像生,既不同于之前的福陵石像生,也不同于以后诸帝陵的石像生,具有自己的独特性。它们具有以下两个特点:

第一,首次具有帝王范儿。前面我们讲过,福陵的石像生很实用,有骆驼、马、狮子、虎。这些石像生大体表达出的是实用性,尤其是狮、虎,利用的就是它们的凶猛,以保卫陵寝和墓主人的安全。可是,皇太极昭陵的石像生则完全不同。据《清世祖实录》记载:"昭陵立象、卧骆驼、立

獬豸石像生

马、坐狮子、坐兽、坐麒麟各一对。"其中的"坐兽"就是獬豸。这种石像生的种类布局,不仅有现实中有的,具有实用性;更为重要的,雕刻了现实生活中没有的獬豸和麒麟。这就突出了石像生的神秘性。这两种是神兽,重点介绍一下獬豸。

在这里,先引用北宋大文学家苏轼讲的一个关于獬豸的寓言故事:一次,齐宣王问艾子道:"听说古时候有一种动物叫獬豸,你熟悉吗?"艾子答道:"尧帝时,是有一种猛兽叫獬豸,饲养在宫廷里,它能分辨好坏,发现奸邪的官员,就用角把他触倒,然后吃下肚子。"艾子停了停,接着感慨地说:"如果今天朝廷里还有这种猛兽的话,我想它不用再寻找其他的食物了!"说的就是,满朝的坏官员会被獬豸作为食物吃掉。《后汉书》中这样解释:"獬豸,神羊,能辨别曲直,楚王尝获之,故以为冠。"就是说獬豸不仅是神兽,还能够辨曲直、真伪,是公正的象征,所以楚文王就带头把帽子做成獬豸形状,意在言明司法的公正和公平。

昭陵的石像生中加进了獬豸和麒麟这两种神兽,就具有重要的意义,它标志着大清政权是神授予的,是公平的,是合法的,符合老百姓的利益。这种石像生,也只有帝王陵寝才有资格使用。同样,标志天下太

麒麟石像生

平的大象,标志性格温和的骆驼,是笼络民心、争取民心的标志,也只有

白马石像生

帝王陵寝才有这种设置的必要。相比之下,凶猛的狮子,用来保卫墓主人的安全,这种最为原始的石像生的作用,则只能退居二线、不那么重要了。这就是昭陵石像生的帝王范儿。

第二,具有深刻的人文情结。在昭陵,有一种石像生不得不说,就是那一对立马。这一对马,之前没有哪位皇帝注意,可是,自从乾隆皇帝来到昭陵之后,两匹马突然"火"了起来。乾隆皇帝对它们有个独到的见解,认为它们是有来头的。我们先看看乾隆帝《昭陵石马歌》诗中是怎么说的:"昭陵石马独超群,大白小白奏殊勋。"乾隆皇帝认为,这一对石马是皇太极生前的坐骑,大白能日行百里,小白能日行五十里。我们知道,皇太极是个大胖子,那么重,骑在大白、小白身上,肯定是很辛苦的。而且,乾隆帝认为这两匹马立有军功,比如它们曾帮助皇太极逃脱明将李成梁的追杀;也曾帮助皇太极打了很多胜仗,比如击败明军,降服明将洪承畴和祖大寿,等等。所以,乾隆皇帝每次来到昭陵,必到石马面前瞻仰,并写下诗歌赞颂。受乾隆皇帝的影响,后来到昭陵的嘉庆帝和道光帝,也都如法炮制,瞻仰石马,写诗赞颂。

五、神功圣德碑文之谜

大家都知道,康熙大帝是清朝最伟大的帝王,也是我国古代罕见的英主,被称之为"千年一帝"。昭陵神功圣德碑的碑文,就是他拟定的。在碑文末尾,有这样一句话:"康熙二十七年十二月初五日,孝孙嗣皇帝玄烨谨述。"(《大清昭陵神功圣德碑文》)意思是这篇碑文是康熙皇帝亲自撰写的。我们从碑文的内容来看,通篇也是以康熙帝的口吻行文撰述的。可是,经过专家考证,这并不是真实情况。

首先,碑文不是康熙帝撰写。给皇帝立碑文,是一件非常辛苦的事情,既要有高深的文字功底,还要饱读诗书,引经据典;同时也要尽量实事求是,不可过分夸张,这个尺度很不好把握。也正因为如此,昭陵大碑楼的碑文写手曾经换过人。开始,康熙帝选择了五位大臣负责撰文,有宋德宜、陈廷敬、徐乾学、张英和高士奇。这五位已经很了不起了,康熙帝认为一定会很满意。可意想不到的是,由于人多,写法各异,文风还不

神功圣德碑

统一,康熙帝很不满意,失望地推翻了初稿。他决定精兵简政,只要张英和高士奇两个人负责撰写。

张英,江南桐城人,康熙六年进士。若大家对他不熟悉的话,他儿子大家肯定知道,那就是大名鼎鼎的张廷玉。张英饱读诗书,著作颇丰;又居官谦谨,官至大学士,康熙帝夸他:"始终敬慎,有古大臣风。"

神功圣德碑亭

高士奇,清代著名学者。他出身清寒,以卖字为生,被康熙帝偶然发现,成为终生知己。高士奇在朝廷为官,做到礼部侍郎,官职虽不高,在康熙帝面前却是极受宠的官僚,经常得见天颜。康熙帝解释了其中的原因:"士奇无战阵功,而朕待之厚,以其裨朕学问者大也。"

所以,昭陵神功圣德碑的碑文,康熙帝毫不犹豫地选中了这两个人。张英和高士奇也是不辱使命,他们查史料,看典籍,费尽脑筋,终于写就了近2000字的碑文。碑文洋洋洒洒,文采飞扬,深得康熙帝赞许。

其次,书写的也不是康熙皇帝。昭陵神功圣德碑碑文的书写,同样十分重要,需要道行精深的书法家书写。康熙帝最终选择了顾观庐。顾观庐是工部左侍郎,既有官职,书法又好。他的书法不仅有米芾的神韵,又得赵孟頫的精髓,康熙帝很喜欢他的书法,认为书写昭陵神功圣德碑的碑文非他莫属。

所以,昭陵神功圣德碑的碑文是张英和高士奇的手笔,而书法则是顾观庐的杰作。当然,我们也不要过分苛责康熙帝的这个谎语,他是力求完美,以此来表达对爷爷的孝敬。

六、帝、后身后的谜团

就在这座谜一样的昭陵里面,埋葬了一群谜一样的帝王后妃。这些帝王后妃都有哪些谜团呢?

第一,帝、后尸骨火化之谜。

清朝入关后,在谈到他们早期葬制的时候,有一个忌讳,那就是忌谈殉葬和火化。可是,我们查阅史料知道,在昭陵地宫里面,葬有两位墓主人,一位是皇太极,一位是他的皇后。这二人葬入地宫之中的,并非尸骨,而是两坛子骨灰,也就是说,这两位是火化后葬入的。

皇太极是火化的。皇太极死于崇德八年八月初九日,是猝然死亡。去世后,第二天大殓,而在一周年之际,也就是顺治元年八月初九日,清廷火化了皇太极的尸体,化为一坛骨灰。此后一切祭祀活动,王公大臣都是朝着这个骨灰坛子行大礼的。

孝端文皇后是火化的。孝端文皇后名哲哲,在皇太极病逝后,她和庄妃一起被尊为皇太后,随顺治帝一起进入紫禁城。哲哲一生中生育了三位公主,却不像她侄女孝庄那样幸运,她没有生育皇子。哲哲病逝于顺治六年四月,终年五十一岁。第二年,也就是顺治七年二月,哲哲的棺椁出殡到盛京,周年后,在盛京火化,她的骨灰坛子与皇太极一起葬进昭陵地宫之中。

昭西陵旧影

火化这种制度,到清朝康熙时,由于受到汉文化土葬制度的影响,被废除。对于火化这件事,《清高宗实录》记载,乾隆皇帝这样解释:"本朝肇迹关东,以师兵为营卫,迁徙无常。遇父母之丧,弃之不忍,携之不能,故用火化。"其实,清朝之所以用火化,大体上有两个原因:一是游牧生活造成的,二是打仗造成的。所以,迁徙无常,也只有火化,抱着骨灰走,以表孝心。因此,乾隆皇帝对火化这件事这样结论道:"所以不得已而出此之故也。"是一种万不得已的做法。

第二,三妃葬地之谜。

皇太极即位后,于崇德元年改元称帝,于是,完善后宫制度,册封后妃,历史上称为"崇德五宫",就是册封了五大后妃,其中,中宫皇后就是

残破的贵妃园寝享殿

哲哲，四位妃子是：东宫关雎宫宸妃，西宫麟趾宫贵妃，次东宫衍庆宫淑妃，次西宫永福宫庄妃。崇德八年八月初九日，皇太极猝然离世，他的这些妃子们都将魂归何处呢？其中，三位妃子的葬地最为引人关注。

（一）宸妃葬地扑朔迷离。

宸妃名叫海兰珠，是皇太极最钟爱的妃子。由于她生育了皇八子，排序与皇太极一样，都是行八，所以，皇太极更加宠幸她们母子，曾经被立为皇储。可是，这个孩子很快夭折，宸妃没有了希望，抑郁寡欢，三年后，于崇德六年一病归天。《清太宗实录》记载，皇太极大悲过度，曾经因此而昏厥过去。皇太极对宸妃之死，不能以礼止情，居然破格给她上了特殊的谥号"敏惠恭和元妃"。据《清列朝后妃传稿》记载，后来皇太极这样说过："太祖崩时，未有如此悲痛。"可见，皇太极多么在意这个宸妃。

这个万人瞩目的宸妃，究竟葬到哪里了呢？她这么得宠，会不会和皇太极合葬同一地宫呢？《清太宗实录》记载，宸妃停灵于"地载门外五里"的临时芦殿之内，三天后遗体火化。两年以后，葬入此处地宫之中。

皇太极病逝后，清廷在盛京城北营建了昭陵，而在昭陵之右建妃子陵。由于嫡庶有别,朝廷没有把宸妃与皇太极合葬。那么,她是否葬入妃园寝了呢? 我们查阅了史料,发现宸妃果然葬入了昭陵妃园寝。《清高宗实录》记载,乾隆八年九月,乾隆皇帝驾临盛京,拜谒昭陵,然后"遣官祭福陵、昭陵之寿康太妃、宸妃、懿靖大贵妃、康惠淑妃"。之后,乾隆帝在十九年、四十三年、四十八年拜谒昭陵的同时,也都派人拜祭了宸妃墓。从中我们知晓,这个神秘的宸妃果然葬在了昭陵妃园寝。同时,我们在史料中,还看到了昭陵妃园寝名字的两种记录:一种是乾隆帝的说法,叫做"宸妃、懿靖大贵妃园寝";一种是嘉庆、道光的说法,叫做"懿靖大贵妃园寝",没有了宸妃的名字。那么,宸妃是否葬进了妃园寝呢? 据专家考证,宸妃后来确实被迁葬,进入了昭陵妃园寝。可是,在陵寝的名字上,后来被删掉了宸妃的名字。为何昭陵的妃园寝不能冠以她的名字,主要是因为她仅仅是一个妃子,而懿靖大贵妃地位远远高于她,所以是皇太极不能以理止情,把仅是妃子的宸妃赐居东宫,而大贵妃则屈居西宫,以至于后来乾隆帝也沿用此说,称妃园寝为"宸妃、懿靖大贵妃园寝"。嘉庆帝了解情况之后,改变了这一状况,还原了历史真面目。

(二)懿靖大贵妃、淑妃葬地之谜。

懿靖大贵妃本是察哈尔林丹汗的囊囊太后,名叫娜木钟。《清初内国史院满文档案译编》记载,林丹汗去世后,她带领部众 1500 多人投奔皇太极。起初,皇太极想把她嫁给大贝勒代善。可是,目光短浅"大贝勒

残破的贵妃园寝门

以该福晋无财畜,故不娶",这样,大家劝皇太极娶了她。可是,皇太极也不愿意呀。娜木钟遭到代善、皇太极等人两次拒绝,很尴尬地被困城外,

不知所措，也真是太可怜了。最后，皇太极以大局为重，还是娶了她。皇太极称帝后，娜木钟被封麟趾宫贵妃，境遇还算不错。婚后，娜木钟居然生育了一儿一女，儿子是著名的博穆博果尔，被封襄亲王。很可惜，这两个孩子都不长寿，襄亲王活了十六岁，女儿则只活了十五岁。而大贵妃则非常长寿，子女都死了，她还坚强地活着呢。皇太极死后，她又活了31年。顺治帝入关，贵妃随入关，一直到康熙十三年，大贵妃才去世。去世后，她叶落归根，尸骨火化后，骨灰被葬入昭陵妃园寝。

淑妃也是察哈尔林丹汗的福晋，名叫巴特玛·璪。《清太宗实录》记载，巴特玛·璪是最早归顺皇太极的林丹汗的女人，而且巴特玛·璪很幸运，她得到了皇太极的热烈欢迎。大概因为她长得年轻漂亮吧，所以皇太极还编造说，自己做了一个梦，早在巴特玛·璪来归前两个月，就有一只漂亮的雌雉飞入皇太极的大帐，并抽了个吉祥的签。所以，皇太极对巴特玛·璪"深念久之"。巴特玛·璪因而很顺利地进入盛京，皇太极大摆筵席迎接。皇太极称帝后，巴特玛·璪被封衍庆宫淑妃。不过，巴特玛·璪一生中也有不顺心的地方，那就是没有生育，不得已，皇太极让她收养了一位蒙古族女孩，后来这个女孩嫁给了多尔衮。淑妃在资料中记载很少，最晚的宫中记载是顺治九年，也就是说，皇太极去世后，她也随龙入关，住进紫禁城。去世后，和懿靖大贵妃一样，叶落归根，火化的骨灰被葬进昭陵妃园寝。

第三，庄妃未葬入昭陵之谜。

庄妃就是顺治帝的生母，她是清初杰出的女政治家，备受世人瞩目。多年来，关于她有太多的传说，其中，她去世后，没有归葬昭陵，而是葬在了远在千里之外的清东陵。这究竟

红门内东华表

是为什么呢？

1. 惧怕火化。我们知道，清朝在入关前后实行火化入葬，这种制度一直延续到顺治朝。康熙即位后，废除了这一制度，实行土葬。于是，这里就有一个问题了，那就是入葬昭陵地宫的墓主人皇太极和皇后哲哲都是火化后入葬的，那么庄妃死后，如果葬入昭陵地宫，也一定要火化尸体，不然怎么可能以两种规制葬入呢？可是，大棺材和骨灰坛子无法并存同一地宫之中。这是很现实的问题，所以孝庄不得不考虑。

2. 太后下嫁。关于太后下嫁，近年来影视作品很多，大家都爱看，很有故事情节。可是，从资料的角度出发，史家争论不休。那么，坚持太后下嫁观点的人，大概依据有两条：一条是张煌言的《建夷宫词》。在诗中他描述道："上寿觞为合卺樽，慈宁宫里烂盈门。春官昨进新仪注，大礼恭逢太后婚。"说的就是孝庄下嫁给了小叔子多尔衮。第二条是《东华录》记录的"亲到皇宫内院"，是说多尔衮经常到孝庄的寝宫里去，那还能干什么呢？人们不仅浮想联翩。

多尔衮画像

关于太后下嫁之说，历来争论不休。实际上，太后下嫁这件事不太可能，至少不太可能举行盛大仪式，那成何体统呢？但孝庄出于保住儿子帝位的目的，也极有可能对多尔衮暗送秋波，以此来保住顺治帝的皇位，这种情况倒是极有可能的。

所以，一旦孝庄和多尔衮有染，孝庄在考虑百年后葬地问题时，不可能没有顾虑，要怎么面对皇太极呢？也正因为这样，孝庄入关后，虽经常出巡，泰山、五台山等等都去过，但入关后44年，她唯独没有回到过盛京,一次都没有回去过。这难道不奇怪吗? 我想她是不想回去,不想面对皇太极。

3. 卑不动尊。《清圣祖实录》记载,孝庄病重临终之际,把孙子康熙帝叫到床前,这样说道:"太宗文皇帝梓宫安奉已久,不可为我轻动。况我心恋汝父子,不忍远去,务于孝陵近地安厝,则我心无憾矣。"这里,孝庄提到她不去昭陵的原因是卑不动尊,也就是说,她一旦回到昭陵,就要打开皇太极的地宫,这样就惊扰了太宗的亡魂,于心不安。所以,这应该算孝庄不回到昭陵的一个原因。

这样,最终孝庄来到了东陵,和她的儿孙们葬到了一起。她的陵墓因为在皇太极的昭陵之西,而被称之为昭西陵。

总之,皇太极的猝然离世,为昭陵蒙上了一层神秘的面纱,建筑上的谜团、墓主人离奇的经历、孝庄拒不归葬昭陵等等,无不使得皇太极与他的昭陵更加扑朔迷离。那么,皇太极死后,与他有着相近性格的六岁儿子福临即位,这就是顺治帝。他的陵寝又会发生了哪些有趣的故事呢?下一讲再详细介绍。

第四讲

帝陵的典范——孝陵

孝陵全景

顺治皇帝的陵寝为孝陵。顺治皇帝名叫爱新觉罗·福临,皇太极第九子,母亲是著名的女政治家孝庄文皇后。顺治帝在位 18 年,二十四岁英年早逝。

一、亲选陵墓

顺治是清朝入关后的第一位皇帝,也是一位非常有思想的帝王。对于自己的百年大事,他很重视,有自己的想法。我们看看这个少年天子都做了些什么。

一是皇帝亲选陵址制度。

皇帝亲选陵址,这在以前是不可能的事情。我们注意到,在关外的两位帝王努尔哈赤和皇太极,生前都没有选择陵址的档案记录,也就是说，他们生前都没有选择过陵址。这大概受到三方面因素的影响：

第一，游牧生活的因素。大家想一想，作为游牧民族，居无定所，今天在甲地，明天就到乙地了，他们一旦离开，很有可能就不再回来了。建陵的目的就是为了祭祀先人，人都不回来了，建陵还有什么意义呢？所以，清朝关外二帝受到这种早年游牧生活因素的影响，没有选择风水，没有建陵的强烈意识。

孝楼二柱门

第二，战争的影响。努尔哈赤和皇太极时期，清朝正处在激烈的战争时期。部落之间的统一战争、与周边部族的战争、与相邻国家之间的战争、与明朝之间的战争，此起彼伏，从来没有停止过。这样的日子，怎能想起来坦坦荡荡地去选择风水建陵呢？

第三，蒙古人的影响。我们知道"满蒙联姻"这件事，说的是满洲和蒙古之间密切的姻亲关系。早在努尔哈赤和皇太极时期，清朝奉行联合蒙古的政策，因而满洲受到蒙古的影响最大。比如努尔哈赤时期创制的满文，就是在蒙古文的基础上创立的。而在丧葬这个问题上，满洲人也必然会受到蒙古人的影响。那么，蒙古人是一种什么样的丧葬形式呢？

明朝叶子奇《草木子》中记载了元朝皇帝驾崩时棺材的做法："用啰

木两片,凿空其中,类人形大小,合为棺,置遗体其中。"就是说,把死去的皇帝夹在两片木板之间,当然,要把木板挖成槽。下葬的办法是挖掘一道深沟:"以万马蹂之,使平,杀骆驼子其上,以千骑守之。来岁草既生,则移帐散去,弥望平衍,人莫知也。欲祭时,则以所杀骆驼之母为导,视其踯躅悲鸣之处,则知葬所矣。"就是说,把皇帝的棺材深埋地沟之中,用万马踏平,然后,在上面杀死一只小骆驼,等到春暖花开的时候,这里长满了青草,就看不见任何痕迹了,这样,他们就放心地撤离。如果想祭祀的时候,就带着所杀骆驼的生母,去寻找其死去孩子的气味,因为骆驼具有超强的辨别方向的能力,这样,有它做向导,就找到了死去皇帝的葬所,再行祭祀。

　　元朝皇帝的丧葬是这样的一种办法。所以,深受其影响的努尔哈赤和皇太极,也不会很看重所谓的风水宝地。

　　可是,顺治皇帝就不同了,《清圣祖实录》记载,他深受汉文化的影响,并"勤学好问,择满汉词臣,充经筵日讲官",对汉文的经典著作如饥似渴地学习。其中,他就十分仰慕汉族皇帝,比如明代皇帝的陵寝风水他就很喜欢,所以下令保护明代帝陵。这可能与他生长的环境有关,顺

南望昌瑞山

治帝从小生长在深宫之中,尤其是入关之后,看到的和听到的是汉文化的博大精深,感受到的是汉文化的巨大魅力。这与努尔哈赤与皇太极两位马背上的皇帝有本质上的区别,因而造成的认识结果也迥然不同。

所以,顺治皇帝虽然年龄不大,对风水的认识却既执着又精深。我们来看看他从事的风水活动吧。

两次考察活动。

一次是顺治八年,这一年他十四岁。这年对顺治帝来说,可以说是一个非同寻常的年份。有三件大事:一是亲政。多尔衮去世,他亲政了。二是大婚,自己被母亲逼迫,娶了并不喜爱的皇后。三是到遵化去选风水。这三件事,不管哪件事情,对他来说都是刻骨铭心的,尤其是第三件事,为自己选风水,那是最爽的一件事情了。快要年底了,劳累了一年的顺治帝决定出京狩猎。十月十九日,顺治帝、孝庄文皇后、新婚皇后等一大批皇室成员来到了遵化一带狩猎。其实,这只是一个借口,顺治帝真正的目的是寻找万年吉地,也就是风水宝地。他在遵化活动了近两个月,到十二月初七才返京。这次出行,虽然时间长,但十分隐秘,官史不记。可是,我们在地方石刻上却找到了相关记载,《景忠山碑刻》中云:"八年辛卯,先皇出猎蓟东。"在遵化,他主要在两个地方活动:一个是汤泉,一个是景忠山。在汤泉,顺治帝住了七天的时间,而汤泉距离东陵只有一步之遥。就是在这7天的时间里,顺治帝踏遍了东陵的山山水水,带领风水人员,细致踏勘,最终相中了他的万年吉地,真是不虚此行。

就是这一次,十四岁的少年天子登上了高山,《清史稿》本纪记载,他瞭望了山势,做出了一个最有意义的决定:"'此山王气葱郁,可以为朕寿宫。'因自取佩鞢掷之,谕侍臣曰:'鞢'落处定为穴。"说白了,就是点穴位。这段绘声绘色的描述,很生动,给人以画面感。我们从中清晰地看到,一个年仅十四岁的少年天子摘下扳指、抛环定穴的场景。顺治帝爽透了,终于自己说了算,尤其是这件事。所以,人们坚信,东陵的风水宝地是顺治帝亲自看中,并参与了其中的点穴活动。乾隆皇帝在《御制诗二集》中曾经这样说过:"鼎湖亲卜吉,昌瑞万年基。"

另一次是顺治十六年,这一年他二十二岁。这年的十一月初九日,顺治帝再次出京,来到遵化。时隔八年,顺治帝魂牵梦绕这块热土,他想,那年我选的风水真的很好吗?因而再次前来,要验证一下,可别出什么岔子。他频繁地活动在东陵区域,登丰台岭,也就是昌瑞山;再登天台山,此山在东陵之南,顺治帝甚至在天台山住了一晚。这次,他确信,自己先前确定的风水宝地没错,非常符合标准,十二月十二日,大喜而归。

顺治帝的这两次风水考察活动,刷新了清朝前世皇帝不重视风水的纪录。同时,对后世皇帝产生了很大的影响。清朝以后的皇帝也都纷纷效仿,最终形成了这样一个规矩,据史料记载:"向例,皇帝登基后,即应选择万年吉地。"也就是皇帝一继位,马上就选择万年吉地,或亲自选择,或派人前去。这虽是乾隆皇帝的上谕,但这条规矩的形成,确实是从顺治皇帝开始的,是顺治帝创立的。当然,确切地说,应该是皇帝亲政,因为不亲政,没有实权的皇帝,哪有人去给你选择万年吉地呢?所以,顺治皇帝就是在多尔衮死后,自己亲政了,才迫不及待地来东陵选择万年吉地。

二是确定了风水的选择标准。

顺治帝生前的两次东陵之行,基本确定了清代帝陵选择风水的标准。

（一）众星捧月的环境。

众星捧月,是什么意思?大家一定很关心,顺治帝精心选择的万年吉地,是不是一处众星捧月

大红门门洞望金星山

的环境呢?我们实地考察发现,孝陵的四周四面环山,风景优美,那可真是众星捧月。具体是这样的:在孝陵的后边是高大的靠山昌瑞山,为东陵的后靠山;前面是漂亮的像一座倒扣的金钟一样的金星山,成为东陵

的朝山；在后靠山和前朝山之间，有一座圆巧的小山，好像皇帝办公的桌案一样，成为孝陵的案山；东边是鹰飞倒仰山，成为左辅；西边是黄花山，成为右弼，这左辅右弼在两侧护卫；又有两条河流西大河和马兰河在东西环绕；中间是一处北高南低的宽阔之地。我们想象一下，顺治帝埋葬在这样一处宝地之内，不就是一副天子临朝的壮观场景吗？皇帝生前在金銮殿内坐北向南，前呼后拥，威风凛凛；死后，在东陵仍然是坐北向南，前后左右众星捧月，成为仙界永远的帝王。

（二）令人神往的仙境。

大自然中什么才能称作仙境呢？其实，就是美境，就是山美，水美，人处在其中，那才是最美，才是令人神往的仙境呢。如果都是秃山，什么也不长，光秃秃的，那怎么叫美呢？山清水秀那才叫美。顺治帝在东陵选择的风水宝地，就是一处至善至美的大美之地。

顺治帝孝陵的风水，达到了这样的标准：众星捧月，山美水美，环境

北望金星山

美，简直就是人间仙境。这就成为清朝后世皇帝选择风水的重要标准。都照着这个标准去找，但不一定能够找到。

三是确定了专业人士与大臣相结合选风水的办法。

毫无疑问,选择风水,那需要专业人士。你想,看山势,看水法,拿着罗盘测,那都是专业性很强的活,需要大师级的风水师来做。孝陵风水的选择,大家一致认为是顺治皇帝在顺治八年亲自选中的,这怎么可能?他才十四岁,一个小孩子怎么可能有这么深的道行呢?不过是乾隆皇帝的过分渲染罢了。大文学家韩愈的《师说》曾说过:"闻道有先后,术业有专攻。"在选择风水上,就更加注重经验和专业了。我们经过查阅档案发现,孝陵的风水选择是有风水师陪同的,而且还不是一个人,是两位,即杨宏量和杜如预。这两个人是钦天监的风水师,是专业人才。

龙凤门门洞望金星山

大臣要参与。因为皇帝建陵,是国家大事,是国家工程,绝非仅仅是皇帝的家事,如果仅仅听风水先生的话,那极有可能出现问题。比如,他们说离北京两千里有一处风水宝地,你就用吗?显然不会使用。所以,会要求朝廷的重要大臣参与,给他们把关。要考虑多种因素,都合适了,才可以使用。《清圣祖实录》记载,顺治八年,顺治帝来遵化选择万年吉地的时候,不仅带着风水师,还带着很多大臣。随行的议政大臣苏克萨哈就说过:"卜阅陵地,非我一人侍从,曾有索尼、遏必隆、我等三人一齐叩谢。"索尼、遏必隆、苏克萨哈这些承办大臣,都是议政大臣,是重臣,要对皇帝负责,要与风水师紧密磋商,要根据各方面的因素,择优选用。所以,孝陵这处环境优美宝地的选择,并非顺治帝一人功劳,而是好多人智慧的结晶。

顺治帝的这种做法,为以后历代帝王所效仿。他们一旦即位,就会选择两种人,为帝王去选择万年吉地:一种人是风水师,专业人士;一种人是承办大臣,心腹重臣,二者紧密结合,才能万无一失。

这就是顺治帝给后人留下的规矩:亲选陵址,并规范了陵寝风水的标准和办法。

二、康熙定制

顺治帝生前虽然选择了风水,确定了陵址,由于种种原因,却并没建陵。顺治十八年,他英年早逝,他年仅八岁的儿子玄烨继位,这就是康熙帝。康熙帝和他的祖母孝庄文皇后肩负起了为顺治建陵的任务。孝庄和康熙帝高瞻远瞩,充分吸收汉文化,修建了规模宏大的孝陵。这座陵寝至少在以下三个方面,为后世帝陵做出了典范。

一是规范了建筑标准。

孝陵明楼

　　首先,更正关外陵寝的做法。入关之前,清朝营建了三座帝陵:永陵、福陵和昭陵。这些陵寝由于在关外,在建筑风格上,具有局限性:(一)以实用为主,缺乏神秘感。比如石像生中,出现了老虎,这种豺狼虎豹,实在不适用于帝王陵寝。虽然昭陵石像生中有所更新,但还是没有文臣和武士,要知道,石像生中只有出现了人的影子,那才是帝王陵寝的标志,因为只有帝王才是人间的主宰。再比如城堡式的建筑,缺乏神秘感。在福陵和昭陵,我们看到的是一座城堡式的建筑,帝王安葬在其中,真好像是在家中的感觉,这就缺乏了陵寝上的神秘感。要知道,帝王陵寝,最主要的不是安全,而是威严和神秘,让人有一种琢磨不透的神秘之感,就达到了最终目的。(二)设计不合理,门比殿高,本末倒置。在福陵和昭陵,我们看到了高高的隆恩门,它是由两部分构成的:下部是一个拱形门洞,是人们通行的地方,具有实用性;上部还有一座高高的三重檐子的楼阁,称之为"五凤楼",这么高的楼干什么用呢?只是在上面雕刻了"隆恩门"三个字,实在是没有必要。门远远高于隆恩殿,是不对的。大殿是存放神牌之地,是祭祀的主要场所,它的高度却远远低于隆恩门,是不合理的,是本末倒置。

孝陵的建筑布局

　　所以,关外陵寝这些不合帝王陵寝规范的地方,入关之后,就要更正了。孝陵则在如下几个方面,确定了帝王陵寝的规范。

　　1. 主次要分明,增强神秘感。在孝陵长达十二华里的主体风水线上,修建了大大小小近百座建筑。但是,这里强化了主次,神化了顺治帝的地位。两边的建筑等级低于中间的建筑,比如配殿低于大殿;神灵所在之处,建筑高大,比如大碑楼、隆恩殿等。再也不会出现隆恩门高于隆恩殿的现象了。而且,在隆恩门中,设置了三个门,中门为神门,只走与死者有关的东西,比如棺材等。东门为君门,是皇帝谒陵时走的大门。西门为臣门,那是王公大臣谒陵时所走的大门。这三个大门各有分工,不能走错。这就比福陵、昭陵隆恩门神秘多了。

　　2. 配合山川形势。在孝陵,建筑并非是第一位的,山川形势才是第一位的。因为有了这么好的风水,才在这里修建了孝陵。不然,皇帝千里迢迢,跑这么老远,来这么偏僻的所在建陵,那不是有病吗?孝陵严格遵循风水第一的原则,所以我们看到的孝陵的每一座建筑,无论在大小、颜色、体量等各个方面,都与周围的山川形势相适应。孝陵强调的是要配合山川,并不是只顾自己建成高大宏伟的殿宇。这样的话,我们看到

孝陵石像生

的孝陵的建筑,就与周围环境特别和谐,特别完美。

3. 保持了民族特色。有一句话说得不错,只有民族的才是世界的。满族政权之所以保持了近 300 年,那还是他们保持了他们本民族的特色。民族特色并不是排斥其他民族,但一定要保持住自身的。所以,在孝陵我们随处可见满族特色的建筑。比如石像生中,文臣和武士都是满族的装束;大碑楼和神道碑,以及各个殿宇的匾额上面,都有满文和蒙古文。一些殿宇的名字也体现满族风情,比如西朝房称之为"饽饽房"等等。饽饽是满族特色的食品,他们把所有面食制品都称之为饽饽,比如饺子叫做"子孙饽饽"。

4. 对汉人和汉文化的尊重。我们知道,满洲建国之初,对待汉人是歧视和排斥的。尤其是顺治的母后孝庄,对汉人有排斥心理。为了保持皇族中血统的纯正,孝庄居然不允许汉女入宫。可是,顺治帝不这么认为,据《大清孝陵神功圣德碑文》记载,他除了努力学习汉语文经典著作之外,还尽量重视汉臣:"视满汉如一体,遇文武无轻重。"这句话,就在孝陵大碑楼上面雕刻着呢。而且,我们看到,在孝陵的石像生中,最前面的石像生是文臣,文臣之后才是武士。而文臣代表汉人,这在以尚武精神为主流的清朝,是难能可贵的,体现了孝陵对汉人和汉文化的尊重。

二是规范了陪葬制度。

孝陵龙凤门

皇陵的陪葬至关重要,关系到皇帝的好恶。要知道,皇帝生前的后妃多着呢,所谓三千宠爱,是是非非也多,所以死后究竟要谁来陪葬呢?

1. 先暂安,再思考。顺治帝在位的时候,出于种种考虑,或者是由于种种原因,并没有修建陵寝,这应该是顺治帝的个人意志。那么,很多死于他前面的后妃,只好先找个地方暂安。而这个暂安之地,一定是离陵寝不远的地方。这样,顺治帝就在离东陵不远处的黄花山营建了一处园寝,顺治帝的悼妃、贞妃、恪妃都曾经在此暂安过。顺治帝这种做法,意在先沉淀一段时间,给自己也给后人一个思考的时间,究竟谁将来能够和皇帝合葬同一地宫,那要等待时间来判断。后来的清朝皇帝均设置了很多暂安处,就是这个道理。

孝东陵

2. 考虑等级。这是必需的一件事情,等级社会嘛,就是这样。在清朝的后宫之中,随着宫廷制度的逐渐完备,形成了层次分明的等级,据《国朝宫史》记载,她们是:"皇后居中宫,主内治;皇贵妃一位,贵妃二位,妃四位,嫔六位,佐内治;贵人、常在俱无定位,随居十二宫。"有这么多等级,才有那么多的后妃。可是,谁才能和皇帝合葬呢?那就要看等级了。在孝陵中,也只有皇后才有资格和顺治帝合葬。

3. 考虑是否得宠。顺治帝是一位很有个性的皇帝,他的后宫里面,时常起波澜。他曾经两度废后,一次成功,一次失败。顺治帝特爱走极端,喜爱的后妃,就爱得死去活来,不喜爱的后妃,就会反目成仇。这样,他的好恶就很关键了。你想,他不喜爱的女人,怎么可能被允许与他合葬呢？

4. 考虑死亡时间。就是要死在皇帝之前。这一点儿，是因为孝陵的地宫结构造成的。明代帝陵地宫有三条墓道，不存在死亡先后的问题，因为即使皇帝先死了，入葬地宫之后，中间墓道石门关闭，但两边的墓道还可以留着，等待之后的皇后进入。《明史·后妃传》中记载了死于明英宗之后的孝庄皇后合葬裕陵的情况："异隧，距英宗玄堂数丈许，中窒之，虚右圹以待周太后。"所以，明裕陵地宫之中，葬入了三人，其中两位皇后都是明英宗死后葬入的。这一说法，在明十三陵开放的定陵地宫中，得到了验证。

这样，顺治帝后妃中就有两位符合上述条件，随葬地宫。一位是孝康章皇后佟佳氏，一位是孝献皇后董鄂氏，其位置，《钦定大清会典事例》中是这样安排的："世祖章皇帝宝位奉至地宫，安设宝床上正中；奉孝康皇后宝位，安设于左；奉孝献皇后宝位，安设于右。"大家看，顺治帝去世后，朝廷，其实就是孝庄的这种安排，令各方都很满意。

首先，康熙帝满意。孝康章皇后是康熙帝的生母，她与顺治帝的感情可谓一般。在顺治帝去世之后，她儿子玄烨继承了帝位，这就是康熙皇帝。可是，她贵为太后，正该享福的时候，却在康熙二年（1663）崩逝，年仅二十四岁，这一年康熙帝年仅十岁。大家想一想，康熙帝多么不幸，八岁丧父，十岁丧母，成了孤儿，孤苦的心理可想而知，《清圣祖实录》中就记载了康熙帝这样的话："父母膝下，未得一日承欢，此朕六十年来抱歉之处。"所以，把孝康章皇后葬进孝陵地宫之中，父母团聚，将来自己来孝陵祭祀的时候，找回早年失去的父爱母爱，这恐怕是

康熙帝生母孝康章皇后佟佳氏画像

康熙皇帝的夙愿。

其次,顺治皇帝满意。确切地说,应该是顺治皇帝在天之灵满意。对这两个女人,顺治皇帝都会比较满意。孝康章皇后,虽然感情一般,但对她也没有什么恶意,何况她儿子做了皇帝,将来上坟填土还指望他呢。所以,作为太后,与之合葬,理所应当。而最让顺治帝满意的,当然就是那位董鄂妃了。顺治帝其实早有预感,惧怕后人将董鄂妃拒之门外,便将她追封为皇后,隆重治丧,那种场面可说是无出其右。可是,他并没有把握,自己去世之后的事,谁能够说清楚呢?所以,能够与之合葬,这就是孝庄的宽容与大度了。孝庄虽然对董鄂妃极为不满,甚至于大肆减杀她的政治待遇,但她还是特许将董鄂妃葬入孝陵,与顺治帝合葬。这使得顺治帝在天之灵极为高兴,太随心了——生能同屋,死能同穴,太遂心如意了。

孝陵的这种做法,成为后世帝陵的典范。后世那些嗣皇帝就要注意了,安排与皇帝合葬后妃的时候,就要考虑考虑先帝喜不喜欢,不喜欢的不要放在一起。

三是创建了皇后陵。

顺治帝和孝康章皇后相继去世后,还有一位中宫皇后活在世上,而且还非常长寿,这个女人就是孝惠章皇后博尔济吉特氏。顺治帝不太喜欢孝惠章皇后,曾想把她废掉,只是由于孝庄的极力阻止,没能实现。康

孝东陵明楼

熙二年，孝陵地宫关闭石门，按照典制，是永远也不能再打开了，这叫卑不动尊。那么，孝惠章皇后怎么办？人家可是堂堂正正的皇后，当今的皇太后。究竟要怎么为皇太后建陵呢？

康熙帝和孝庄商量，那没别的办法，只有单独建陵。可是，怎么建呢？之前没有过皇后陵，前朝没有，明朝都没有。怎么办？为此，康熙帝提出了三个要求：

1. 位置。皇后陵，其实就是太后陵，位置必须在皇帝陵左右，这样建成之后，皇后陵的神道就可以和皇帝陵相连接，表明这是一个体系，是一家子。这种制度成为后世皇后陵的典范。

2. 规模。最关键的一点，就是不可超越皇帝陵。由于以前没有皇后陵，包括明朝都没有，这样，孝东陵就成了明清以来的第一座皇后陵。所以，建筑的规制属于首创。新建成的皇后陵，在建筑的体量、建筑的数量上虽然与孝陵大同小异，但都要逊色于帝陵的规模，这就是封建等级，是一道不可逾越的界限。孝东陵的这种制度，对以后作用太大了。它避免了由于太后权力过大，而肆无忌惮地修建陵寝。比如，清末的慈禧太后，就受到这种制度的影响，不敢在规制上过分突破——她就没敢把陵寝修建得和皇帝陵那么大。

孝东陵石五供和明楼

3. 陵名。规范了皇后陵的命名办法。因为之前没有皇后陵,要怎么命名,成为一个难题。《清圣祖实录》记载,康熙五十八年,礼部专门给康熙皇帝上书:"古来帝后不合葬而自陵者,俱就方位定名。今孝惠章皇后陵即在孝陵之东,不必另立陵名,臣等恭拟'孝东陵'字样,仰候钦定。"也就是说,皇后陵的名字,只在皇帝陵的后面按照东西方位,加上"东"或者"西",称为"某东陵"或"某西陵"就可以了。所以,建在孝陵东边的这个皇后陵就叫做孝东陵了。这种制度为后世效法。

我们从这三点可以看出,孝陵的皇后陵孝东陵,其实就是孝陵的附属建筑,这是男权社会的必然结果。同时,孝东陵的建成,也为那些死在皇帝之后的太后们解除了后顾之忧,她们尽可养尊处优,颐养天年了。按照这种规制,清朝共产生了7座皇后陵。

这就是孝陵,在诸多方面为后世帝陵做出了表率。无论是顺治帝对风水的重视,还是康熙帝对建筑的规范,孝陵都堪称一代帝陵典范。在以后的岁月里,清朝都是按照这种做法修建帝王陵寝的。

三、致命缺陷

孝陵毕竟是清朝入关后的第一座帝陵,还有很多不太完善的地方,甚至是很不合理的地方,需要后世帝陵做出努力,或完善,或更正。这样,我们总结出以下几个方面,后世帝王陵寝要予以更正,绝对不可以效仿。

第一,殉葬制度不可效仿,必须更正。殉葬是一种野蛮的丧葬习俗,它剥夺人的生存权,是极不人道的。可是,孝陵地宫的两位墓主人去世后,曾有多人为之殉葬。一个是顺治帝去世后,有两个人为之殉葬。《清皇室四谱》记载,一位是顺治帝的贞妃:"十八年辛丑正月初七日,以身殉世祖死",就这样结束了自己年轻的生命,仅以此换来了皇家的一纸封号。第二位是顺治帝的身边侍卫傅达礼,他殉葬后,被封为"贞臣",特赐葬皇陵近地。

孝陵地宫中还有一位墓主人死后安排了殉葬人员,这就是董鄂妃。这完全是顺治帝的过分偏爱。《汤若望传》中透露,他不仅追晋其为皇后,命朝廷二三品大员为其抬棺材;还为之作传,为之安排大批殉葬人员:"太监与宫中女官一共三十名,悉行赐死,免得皇妃在其他世界中缺乏服侍者。"

所以,我们看,孝陵还存在这些非常残酷的丧葬习俗,使人很是恐怖。康熙帝看到了这一陋俗,决心废除它。首先提出废除殉葬的是朱裴,为礼科给事中,山西人。《清史稿》本传记载,朱裴在康熙七年,勇敢地上书给康熙帝:"好生恶死,人之常性,捐躯轻生,非盛世所宜有。"康熙帝接到奏章,非常高兴,他正有此意,《清圣祖实录》记载,康熙十二年六月十七日,康熙帝下旨:"禁止八旗包衣佐领下奴仆随主殉葬。"至此,野蛮的殉葬习俗最终以法律的形式被制止,永远退出了历史舞台。

孝陵大殿

第二,拆东墙补西墙的做法不可效仿。顺治皇帝病逝于顺治十八年,可是,由于建陵物料准备不充分,一直到康熙二年二月,才真正开工建设。令人称奇的是,虽然开工很晚,建筑工程的速度却很快,仅用了一年半的时间,主体工程就完工了。为什么这么快呢?原来,孝陵建筑采取了"拆东墙补西墙"的做法。

究竟拆了什么建筑呢?一直以来,流传着"拆明陵建清陵"的说法。于是我们进行了考证。1991年,清东陵对孝陵大殿进行维修。发现了端倪：

锦芳亭天花板正面

1. 大殿木架有问题。在大殿，发现木架全为珍贵的金丝楠木。这就很奇怪了，因为顺治帝生前没有为自己死后做准备，也就没有采集金丝楠木。我们知道，金丝楠木成材极为缓慢，要上百年才可长成大材，而且要到深山密林中采伐，极为艰难。孝陵只在极短的时间内，就完成了主体建筑，这是不可能的事情。我们细审这些木料，又发

锦芳亭天花板文字

现了其他问题,那就是有以大改小、铆榫改动、多余的铆口等等现象。这就很奇怪了,皇家建筑是多么严肃的事情,怎么可能出现这么多失误呢?一定大有玄机。

2. 天花板有问题。维修过程中,施工人员拆下了大殿上面的天花板,结果发现,这些天花板大小尺寸不统一。这怎么可能? 同一座建筑,天花板大小不一样,其中一定有问题。

3. 隆恩殿栏板有问题。我们接着考察了隆恩殿前面的石栏板,发现存在大量问题。比如栏板宽度不统一,也不对称,每个栏板间的雕刻内容不规范;还有每个望柱头上的龙凤图案和朝向都不统一,等等。堂堂皇陵,国家工程,怎么会如此草率呢? 一定有问题。

于是,我们进行了研究,在这些大小不一的天花板后面,有了一个意外的发现,那就是在这些天花板的背面发现了文字,有"清馥殿"和"锦芳亭"字样。

这就暴露了玄机。我们于是查阅史料,发现史上确有清馥殿,在北京北海西岸五龙亭附近,坐东朝西,面阔九间,是明朝嘉靖皇帝进香的场所。这个清馥殿,到康熙初年以后,就不见了史料记载。到这里,我们就明白了,清馥殿是被清朝给拆了,用来修建顺治帝的孝陵了。不仅如此,清馥殿的附属建筑锦芳亭也没有幸免,一并被拆掉,其木料和石料也用来修建了孝陵。难怪孝陵的建筑速度如此之快,原来是拆了清馥殿的

孝陵神功圣德碑

建筑,破坏了文物古迹。

所以,我们看,帝王陵寝作为国家工程,靡费巨资,消耗了大量民脂民膏。有时为了使墓主人早日入土为安,加快工程进度,还会拆毁古建筑。这种破坏文物的做法,也只有在专制制度下,才做得出来。孝陵的这种做法,后世皇帝建陵的时候没有模仿。比如,嘉庆帝建筑昌陵的时候,就有人建议要拆北京的庙宇,用其中的金丝楠木,被嘉庆帝坚决拒绝了。

第三,孝陵的民族歧视做法不可效仿。在孝陵,我们会看到很多文字。在大碑楼、小碑楼、明楼三处的石碑上面,在隆恩门、隆恩殿、明楼三处的匾额上面,我们都能看到历史留下的文字。可是,这些文字给人的感觉是不舒服的,因为里面存在严重的民族歧视。从这几处的文字中,我们观察到文字的布局,是以满文为主,要么满文居中,要么满文在尊贵的东侧,这倒无可厚非,因为毕竟是满洲建立起来的政权。可是,在文字大小上,清朝的皇帝却大做文章,满文居中,而且文字很大,是两边蒙古文和汉文的两倍还要多。这就是典型的民族歧视,不利于民族团结。孝陵的这种做法,后世帝陵没有效仿。所以,雍正皇帝在完善景陵建筑的时候,认识到了这一错误,废除了这种制度。

清朝皇帝在以后的历史发展中,吸取了孝陵的精华,去除了其中的糟粕,比如上述三种做法,以后都废除了。所以,我们看到,清朝的皇帝还是与时俱进的。在陵寝这个问题上,他们能够看到自己的不足,及时更正错误,使之日趋完善,与时代潮流同步,这是值得肯定的。

总之,顺治皇帝的孝陵,从选址到设计,从规模到葬制,在诸多方面都为清朝后世帝陵树立了典范,成为清代帝陵的蓝本式建筑,为后世帝陵所尊崇、所模仿,后世帝陵无出其右者。那么顺治之后的康熙,在盛世之下,将怎样营建自己的陵寝呢?下一讲再介绍。

锦上添花的景陵

这一讲主要介绍康熙帝的景陵。康熙帝爱新觉罗·玄烨，是顺治帝第三子，生母是孝康章皇后佟佳氏。康熙帝在位61年，是中国封建社会在位时间最长的一位帝王。他一生有煊赫的文治武功，开启了我国封建社会最后一个盛世"康乾盛世"。史学家对他评价很高，誉称"千年一帝"或"康熙大帝"，是我国古代最杰出的帝王之一。

清代景陵图

一、辉煌修祖陵

康熙帝有两个最明显的性格特征：一个是仁慈。这是康熙帝迷人的人格魅力。作为帝王，仁慈是最难得的了，要不他的儿子雍正帝怎么会给他上谥号为"仁皇帝"呢？康熙帝还有一个最明显的性格特征，那就是孝顺。清朝是以孝治天下的，这也是爱新觉罗宗室的治家理念。康熙帝以少年即位，发扬和光大了这一思想，使孝道成为皇室越来越重要的道德标准。在孝道方面，康熙帝贡献最大，做得也最好。其中，他最重视皇陵的建设了。他费尽心思地为祖先建陵，不怕费事，不怕花钱，奠定了清朝皇陵的基础。可以这样说，没有康熙帝的努力，就不会有清代帝陵的规模。我们看看他都为先祖建陵做了些什么。

康熙之前的祖陵，有盛京三陵和孝陵。盛京三陵包括永陵、福陵和昭陵，是康熙帝先祖的陵墓，分布在沈阳周围。孝陵则建在东陵界内。

第一，对永陵的尊崇。永陵是清太祖努尔哈赤父祖的陵墓，里面是努尔哈赤四位先祖的骨灰。虽然经过多年的努力，但无论在建筑规制还是形式上，都比较简单，甚至是比较寒酸，其实就是一座贵族墓。康熙帝即位后，要改变这一现状。

1. 设立完备的管理机构。康熙九年、十一年，康熙帝两次对永陵的管理机构进行了精心的设置，建立了成熟的管理机构。在这里，由公务员管理，有总管、翼长、领催、章京、笔帖士、掌关防、尚膳、尚茶、尚香、厨役、匠役、兵丁等几百人，这些人各司其职，服侍着四位先祖的灵魂。公务人员的规范化管理，标志着永陵已经朝着皇帝陵迈进了一步。

2. 由黑瓦换成黄色琉璃瓦。这就给永陵的建筑加进了帝王陵的气息。由于永陵的四位墓主人没有真正做过帝王，只是努尔哈赤称汗之

永陵正红门

后,仿照古帝王之礼,追尊上世四祖,并为之建陵。可是,由于王朝初建,百废待兴,在先祖陵寝的建设上,也是曲曲折折,甚至几经迁徙,最终落脚现在这个地方,也就是辽宁省新宾满族自治县,这就必然使陵寝的规制是十分简陋的。康熙帝即位后,在康熙三年,对永陵进行了大规模的修建。对永陵的建筑,包括启运殿、配殿、启运门、碑亭、正红门等,几乎所有的建筑进行了大修,该加固的加固,该加高的加高,尽量把建筑建得宏丽和坚固。最重要的,这次大修永陵,是要把一个贵族坟墓改造成皇帝陵墓。这可要在最关键的地方下功夫了,那就是要使用只有皇帝才可以使用的黄色,否则,不能称之为皇帝陵。所以,康熙帝在康熙十六年把永陵的主要建筑启运殿、启运门、四碑亭的顶子由黑瓦全部换成了黄色琉璃瓦。经过这样一改,把一个贵族墓地才升格成了真正的帝王陵墓。

　　3. 两次谒陵。康熙帝对永陵极为尊崇,他展孝报本,尽自己所能,孝侍先祖。查阅史料我们发现,康熙帝曾经长途跋涉,两次亲临永陵,行祭陵大礼。一次是康熙二十一年,康熙帝平定了三藩之乱,决定祭告先祖。康熙帝带领王公百官、宗室亲贵来盛京谒陵,在此亲行大礼,并写下

永陵的宝顶和神树

了《三月十一日雪中诣永陵告祭》诗："峰峦叠叠水层层,王气氤氲护永陵。蟠伏诸山成虎踞,飞骞众壑佐龙腾。"对永陵的风水形势进行了一番夸赞。一次是康熙三十七年,康熙帝因为已经平定噶尔丹叛乱,西北底定,决定东巡祭祖,告慰祖先。《清圣祖实录》中留下了康熙帝这次祭奠永陵的情况:"率诸王大臣等谒永陵行礼,奠酒举哀。"

第二,对福陵、昭陵的尊崇。对于康熙帝来说,他最为尊崇的先祖,并不是他不熟悉的永陵四祖,而是他日思夜想、引以为自豪的爷爷皇太极和太爷爷努尔哈赤。这两个人他太熟悉了,虽然没有见过,但他们的事迹,尤其是丰功伟绩,都在史料上记载着呢,没有他们,何来大清呢?所以,康熙帝对二位的尊崇那一定是最费心智的。我们看看康熙帝都为两座祖陵做了什么。

1. 入土为安。入土为安,这是逝者最大的心愿:"自古道盖棺事定,入土为安。"(《耍孩儿·骷髅诉冤》)可是,努尔哈赤和皇太极这两位清朝的开国帝王去世后,都没有能够入土为安。那么,他们的尸骨在哪里呢?他们的尸骨被火化了。一般来讲,由于他们是帝王,尸骨虽然可以保存得长一些,但在百日礼后,尸体也要火化。火化掉尸骨以后,变成了一坛骨灰。那么,这个骨灰坛子放在哪里了呢?《沈阳状启》中给出了答案:"所谓墓,则构瓦屋三间,前有小门,如库间之状,而藏骨于其中云。"努尔哈赤和皇太极都是这种结局,大家看出来了,二位先帝的骨灰并没有入土为安,而是在简单的就像库房一样的瓦屋里面放着呢。也别怪后人这么对待他们,当时就是这种风俗。可是,连当时的朝鲜人质都看出来了——这么简陋,他们的灵魂能够安心吗?

于是,康熙帝做出了一个大决定,为二位先祖建造地下宫殿,让他们的骨灰入土为安。《清圣祖实录》记载,从康熙二年初开始营建两陵的地宫,到这年底,两座地宫全部完成,康熙帝命礼臣依礼将两位先祖葬入地宫之中:"康熙二年十二月辛酉,改造福陵地宫完成,安奉太祖高皇帝宝宫。康熙二年十二月甲寅,改造昭陵地宫完成,安奉太宗文皇帝宝宫。"康熙帝很欣慰自己做了这样一件大事。

2. 树碑立传。作为帝王,对他们的盖棺定论很重要,他们的丰功伟绩更重要,哪位帝王不希望自己流芳百世呢?但要流芳百世,也要有一个平台来表示吧。而在康熙之前的福陵和昭陵,规制都极为简陋,连地宫都没有,更不要说为逝者歌功颂德的碑楼了,一个碑楼都没有。没有石碑,怎么记述二位先祖的丰功伟绩呢? 康熙帝决心为福陵、昭陵营建碑楼。

福陵大明楼

建大明楼。康熙帝敕令盛京,在康熙三年,修建福陵大明楼,并在楼内竖起大石碑,上面镌刻"太祖高皇帝之陵";康熙四年,修建昭陵大明楼,同样在楼内竖起大石碑,上面镌刻"太宗文皇帝之陵"。这两个大明楼,不仅标明了陵寝的名字,还把两位皇帝的庙号"太祖"、"太宗"以及谥号"高皇帝"和"文皇帝"这些盖棺定论的尊号都刻在了上面,使后人凭吊时有所依据。

建大碑楼。光建大明楼还不够,康熙帝还为之各修建了一座大碑楼。这可不是一件简单的事情,因为大碑楼不仅工程巨大,还要撰写碑文,概括两位开国皇帝的丰功伟绩,绝非一朝一夕可以完成。于是,康熙帝运筹帷幄,早作努力。平定三藩叛乱之后,康熙帝认为时机已经成熟,便开始筹集资金,为福陵、昭陵筹建大碑楼做准备。至康熙二十七年,两陵的大碑楼全部完工,石碑上面刻上了两位皇帝的丰功伟绩。我们走进福陵大碑楼,看到这样的落款:"康熙二十七年十二月五日,孝曾孙嗣皇帝玄烨谨述。"（《清福陵神功圣德碑文》）昭陵大碑楼的碑文落款是："康熙二十七年十二月五日,孝孙嗣皇帝玄烨谨述。"（《清昭陵神功圣德碑文》）

从上面我们看出,康熙帝对关外三陵确实倾注了很大心血,增加礼制性建筑,以表达孝心、敬心。他甚至不顾劳顿,长途跋涉,三次亲临盛京,祭奠先祖。

第三,对孝陵的尊崇。康熙帝对自己的生身父亲顺治帝,更是毕恭毕敬,在遵化昌瑞山修建了规模宏大的孝陵。从康熙二年开始,直到康熙十三年,康熙帝用十几年的时间,营建了规模宏大的孝陵。孝陵的建筑从石牌坊开始,经大红门、大碑楼、石像生、龙凤门一直到主建筑宫殿区,近百座建筑有顺序地布置在长达6000米的神道之上,形成了一处规模庞大的核心建筑。这些建筑,对后代帝陵都有规范作用,是蓝本式建筑。

二、寒酸的盛世帝陵

康熙帝既然对别人的陵寝都这么重视,他自己的陵寝会是什么样的

景陵全景

呢？一定很豪华，很气派吧？因为他对别人的陵寝都不怕花钱，不怕费事，自己的陵寝一定更是让人叹为观止。

可是，让你失望了。康熙帝景陵的修建，不仅难称雄伟，而且其建筑无论在选址、设计、用料、规模、体量等等方方面面，都可以说是很一般，甚至于有些地方可以用寒酸来形容都一点儿也不为过。

第一，风水存在问题。

景陵陵寝门

康熙帝的景陵，位置在孝陵之东。这里的风水好不好呢？我们走进景陵，按照明清皇陵的选择标准，从龙砂穴水等风水要素来分析，这里的风水实在不敢恭维，至少存在两个问题：首先，这里地势低洼，原来是一片沼泽地，只是由于康熙帝要建陵，才用"客土"把这里垫平。尽管如此，仍然没有改变低洼地势的现状，每当雨季，这里都会显得十分潮湿，甚至会有存水的地方。这种低洼的地势，给景陵带来了好多麻烦。比如，将来地宫会出现渗水，把棺材给淹了；尤其是夏天打雷的时候，高大的建筑，在这样的地势里殿宇往往会被雷电击中造成火灾。如景陵大碑楼，就在 1952 年 7 月 14 日，遭到雷击起火，宏伟的建筑，顷刻间毁于一旦。其次，这里的两侧砂山分布不合理。尤其是东侧砂山，在东朝房之南，过于臃肿，竟然把景陵的神厨库与宫殿区建筑隔断开来，使得整组建筑不能连贯,给人以弥散的感觉。

第二,建筑仓促,只建地宫,是一个应急工程。

景陵修建于康熙十五年,到康熙二十年,工程就结束了。按理说,建陵是一个细活,不能操之过急。可是,这个时期,朝廷发生了两件大事:一件事是三藩之乱。三藩就是平西王吴三桂、平南王尚可喜、靖南王耿精忠,他们在这一时期纷纷反叛朝廷,正是最为猖獗的时候。当时,战事频仍,军需浩繁。第二件事是康熙十三年,《清史稿》本纪记载,这年宫中发生了一个大事件,那就是他的中宫皇后难产而死:"十三年五月丙寅,皇子胤礽生,皇后赫舍里氏崩。"之后,大行皇后的棺材一直在殡宫停棺待葬,已经两年多了。康熙皇帝想,还是早建陵寝,让她入土为安吧。就是在这种情况之下,在南中国硝烟弥漫的战火中,景陵工程匆忙开工建设。大家想想,一边是战火纷飞,一边是陵寝工程,康熙帝多闹心啊。所以,在这种情况下,景陵实际上是一个应急工程。

可想而知,在战争年代修建的陵寝,那肯定要降低标准了。我们在查阅史料的时候发现,由于战争,军费浩大,孝庄太皇太后都不得不拿出多年的积蓄犒赏三军将士,国家到了最危险的时候,康熙帝会如何来营建自己的陵寝呢?《清圣祖实录》记载,康熙十五年正月十三日,他颁下上谕:"仁孝皇后陵寝已卜定于孝陵附近之山,理应备依典制营建。但目今军需浩繁,民力维艰,著将地宫先行修造,其余一应工程,候国用充足之日次第举行。"讲得再清楚不过了,就是陵寝要分两步进行,先营建地下宫殿,为了大行皇后入土为安。等战争结束,国家有精力了,再进行第二步,修建那些礼制性的地面建筑。果然,是先行修造了地宫,而三座门以前的地面建筑俱行废止,以应急需。

那么,大家一定很关心了,康熙帝后来是怎么修建自己陵寝的呢?是不是像他当年说的那样,等有了钱,就要铺张一番了呢?当你走进景陵之后,你就会明白了——又一次让你失望了。康熙帝并没有兑现当年的诺言,看看他是怎么做的。

景陵裁掉了大批建筑。

第一,裁掉了高大的石牌坊,石牌坊是墓主人身份和地位的象征,是标志性的建筑。试想,有个大牌坊,多气派啊。但是,康熙帝的景陵裁掉了。

被烧毁后的景陵大碑楼

第二,缩短了长长的神道。孝陵神道长达6000米,在神道两边修建了很多礼制性的建筑,形成了一个非常气派的中轴线建筑。而康熙帝裁掉了长长的神道,最终只建了1330米的神道,还不及孝陵神道长度的三分之一。他把自己的神道以最近的距离,和孝陵神道相连,表明自己和孝陵的从属关系,表明自己是顺治帝的儿子,是一脉相传的关系。这种做法,无疑给后世皇帝做出了榜样。

第三,裁掉了石像生。景陵初建和续建的时候,康熙帝都没有修建石像生的打算。石像生不仅具有镇墓的作用,还具有仪仗队的功能,一般人都很喜欢。可是,康熙帝为什么不建石像生呢?综合各种因素我们看出,康熙帝是出于以下考虑:

1. 逊避祖陵。逊避,就是谦逊,在祖陵面前低调的意思。所以,康熙帝建陵的时候,目标很明确,就是要尊孝陵为主陵,在建筑上想逊避祖陵。其实,也是出于一片孝心:"圣祖仁皇帝不肯设立石像生者,亦出于孝思之深心。"

2. 节俭银两。景陵建筑的时候,正是国家非常艰难的时期,而石像生等是很费银子的工程,《清世宗实录》记载,雍正帝就说过:"其石像等

景陵牌楼门

件,需用石工浩繁,颇劳人力,不必建设。"所以,毫无疑问,康熙帝也有出于节省的因素,裁掉的这组建筑。

3. 有碍风水。我们到现场去看会发现,景陵不适于建筑石像生。石像生其实就像皇帝出巡的仪仗一样,所以需要建筑在笔直的神道上,那会很气派。相反,要是建在弯曲的神道之上,会有一种不严肃而又滑稽的感觉。景陵神道在设置石像生这个路段,恰恰是弯曲的,弯如月牙,怎么建筑石像生呢? 所以,康熙帝裁掉了石像生。

总之,康熙帝修建起来的景陵,规制较低,也就是非常低调的一个状态。也正是这个原因,康熙大帝的儿孙们来到景陵以后,看到这位盛世奠基人的陵墓竟然如此"寒酸",便想方设法,要为康熙帝和他的景陵做点什么。这就是要为景陵增添一些建筑,提高一点儿景陵的规制,为景陵锦上添花。康熙帝的这些儿孙,就是雍正帝和乾隆帝。下面,我们就看看这两位都是怎么为景陵锦上添花的。

三、锦上添花的扩建

雍正帝为景陵锦上添花。雍正帝是康熙帝的第四子,即位后,为了表达对康熙帝的尊崇,对景陵进行了一系列的规制变革。

一是陵寝建筑上进行改建。主要是完备和完善景陵建筑,共分四个方面。

景陵双碑

第一,建立双碑。我们知道,大碑楼全称叫做"神功圣德碑楼",是为死去皇帝歌功颂德之所。皇帝一生的丰功伟绩,都镌刻在大碑楼内的大石碑之上,而大石碑驮在大赑屃之上,这就是老百姓所说的王八驮石碑。清代,碑文的文字有汉文和满文两种,位置当然是满文在尊贵的右侧,汉文则屈居左侧。康熙之前的各个帝王陵寝,都是这样,福陵、昭陵、孝陵的大碑楼都是康熙帝建立的,碑文形式都一样,满汉合璧,镌刻在同一石碑之上。可是,雍正帝在给父皇建大碑楼的时候,遇到了两个难题:

1. 文字太多。都已经简化好几遍了,碑文的字数还有4300多字,是顺治帝孝陵碑文的2倍还多。为什么有这么多文字啊?因为康熙帝在位时间长,达61年,是我国封建社会在位时间最长的一位皇帝。而且,康熙帝功绩也实在是太大、太多了:平三藩,收台湾,征噶尔丹,抗击沙俄,进兵安藏等等,还不要说他的文治,光武功就这么多了。而且,这么多文字,还要翻译成满文,要满汉合璧,那文字就更多了。

2. 石碑不能加高、加宽。石碑的高度和宽度,那是有要求的。后世帝陵的石碑高度,绝对不能超过前朝皇帝,这是清朝"以孝治天下"的要求，否则，那就是不孝顺了。据《钦定大清会典事例》记载，雍正皇帝无奈地说："此碑若比世祖章皇帝碑亭宽展，恐有未安；即或加宽，必不可加高。"总之，就是一句话，出于孝顺，既不可以加宽，更不可以加高，真是没有更好的办法了。

在这种情况下，雍正帝开动了脑筋，最终想出了一个好办法——功绩不能抹灭，文字不能再少了，那就建两通石碑。《钦定大清会典事例》记载，雍正帝下旨："圣祖仁皇帝在位六十余年，功德隆盛，文章字数太多，一碑不能尽载，宜建立二碑，一刻清文，一刻汉文。"终于解决了这个问题。

第二，亲自书写碑文、匾额。在古代，中国人最讲书法了，那得靠真功夫。所以，陵寝碑和匾额上的书法，要选择那些功夫深、书法好的人来书写，以示重视。雍正在这个问题上有自己的考虑，他想，如果亲自为父皇景陵的碑匾题字，就可以彰显自己的孝心。可是，怎么能直接说呢？于是，雍正帝召集官员，下令进行书法大赛，指示那些书法好的人为景陵碑匾题字，最终要选最好的录用。《清世宗实录》记载，当天，雍正帝收集了众人的书法，同时，他

景陵神道碑

也把自己的书法拿来，让大家评评，择优录用，并说明了评判的标准："今景陵碑匾，朕亦敬谨书写，非欲自耀己长，但以大礼所在，不亲写，于心不安。尔诸臣可公同细看，不必定用朕书，须择书法极好者用之。"雍正的意思是我们公平竞争，谁写得好，那就用谁的。王公大臣们还看不出来吗？何不成全他呢？于是，大家都夸雍正帝的书法最好——说皇上您的书法最棒，我们从来没看过这么棒的书法作品，只有您的书法才合适。

这样,雍正帝如愿以偿,他的书法中选。所以,在景陵的神道碑、明楼碑上面的文字,那是雍正帝的书法。此外,隆恩门、隆恩殿和明楼三块匾额上的题字,也是雍正帝的书法。

第三,把满、蒙、汉三种文字大小改为一致。还有一点,是雍正帝对这些文字的版面布局进行的大胆改革。他一改过去特别突出满文的做法。之前,在同一版面上,满文的字体是蒙古文、汉文字体大小的两倍还要多,这样,蒙、汉文字就显得很卑下。这种做法,不利于民族团结,也就不利于政权的稳固。雍正帝的这种改革,部分化解了民族间的矛盾,具有一定的积极意义。

第四,钤章示尊。我们今天的书法家,要是给你写一幅字,那就要盖上手章,什么"某某之印"等。古代也是一样,著名的书法家盖上手章还值钱呢。可是,给皇帝陵寝题字,谁敢盖章啊。不过,这次雍正帝给父皇康熙帝的景陵碑匾题字,要不要盖章呢? 盖什么章呢? 雍正帝回答,要盖章。雍正帝说了,我盖章不是为了炫耀书法,而是为了表达我的恭敬之情。雍正帝盖的是什么章呢? 实地考察看到,内容是"雍正尊亲之宝"。雍正帝的这种做法,显示了对康熙帝的孝顺,被以后的皇帝所效仿,成为一种制度。

二是在管理制度上改革,就是提高管理规格,要上一个档次。

为了表达对父皇的敬重,雍正帝改革东陵管理机构,决定派重臣去守护东陵。可是,看陵是件苦差事,谁愿意去呢? 为了加大力度,雍正帝做了三件事:

1. 派宗室兄弟在东陵守陵。这在之前绝对没有,之前没有宗室人员在东陵看陵。《钦定大清会典事例》记载,这次,雍正帝下谕旨:"朕意于朕兄弟内酌令一人,封以王爵,子侄内二人,封以公爵,用代朕躬居守山陵。"不仅派出了自己的兄弟,还另派宗室二人,力度可是真大。

2. 组建高规格班子。也就是派出各级官僚去东陵,建立组织。为了配合宗室王公,雍正帝挑选了大学士、尚书、侍郎、领侍卫内大臣、内务府总管等等各级官僚,此外还配备了各级侍卫,总人数达到几百人,组成了一个强大的守陵班子。给人的感觉,就好像是一个中央级别的中枢机构一样,你想,连王爷、宰相、部院官僚都全了。

景陵前景

3. 建立王府。王爷都来了,这些人可是皇帝的兄弟,为了让他们安心守陵,所以一定要建立舒适的王府、公爷府,为这些王公子弟在东陵生活提供便利。同时,还在马兰关建立总兵府。所以,雍正朝的东陵守护机构非常完善。这些王公大臣们,在这里尽心尽力,服务于去世的帝王后妃们。

三是在陵寝祭祀上进行改革。就是制定高规格祭祀等级。

我们知道,祭祀在古代非常重要,《左传》中有一句最经典的话叫做"国之大事,在祀与戎",就是说,国家最重要的事情,莫过于祭祀先人和战争。雍正帝是个饱读诗书的皇帝,他当然了解祭祀先人的重要性。所以,即位之初就在思考,一定在这个问题上有所作为。他在两方面做得最棒了:

第一,跪着给父皇上坟填土。我们中华民族的传统,每到清明节,子女们都要到父母的坟前上坟填土,几千年了,都是这样。雍正帝也不例外,他要好好表现给大家看,给那些反对他做皇帝的人们看。所以,雍正帝在清明节到景陵上坟填土这件事就非常引人瞩目。雍正帝要怎么表现呢?《昌瑞山万年统志》里这样记录:"膝行至宝顶中间,跪,上土毕,匍匐退行,尽诚致敬。"就是跪着爬上了宝顶。要知道宝顶可是用三合土夯筑而成的,就是用黄土、白灰和沙子和成,和现在的水泥差不多。在这上面爬着走,头顶上还有重重的土筐,那是什么精神啊! 因为要上十三担土,所以,要往返十几次呢。结果雍正帝的膝盖都磨破了,鲜血染红了大宝顶,真是感人至深啊!

第二,破格为康熙帝过周年。其实,就是破例升格父皇祭祀等级。对于死者,民间一般过三周年,就是三周年之内,对死者进行隆重的祭祀,举办纪念活动,三周年后,就转为一般性的纪念活动了,祭祀的范围也就随之缩小。皇家也是一样,一般帝后忌辰,也是过三周年。《清朝文献通考》记载,雍正帝觉得这样做对一般人还可以,对待功绩伟大的父皇是不行的,应该为父皇开个特例,就是每到父皇忌辰这天,都要隆重祭祀,和三周年一样隆重:"三年之后,每遇圣祖仁皇帝忌辰,于景陵祭祀之礼,特加隆备;并降谕旨,谓此礼惟朕躬特行之于皇考,后世子孙不得奉为成例。"雍正帝同时指出,这是个特例,今人和后人都不要模仿。

这就是雍正帝对景陵在规制、葬制等方面的改革,是对康熙帝景陵制度的完善和尊崇,是锦上添花的作为,康熙帝在天之灵一定非常高兴,觉得这个儿子实在是太孝顺了,做得好。

四、违背祖父意愿的扩建

按说,人家雍正帝对景陵进行锦上添花,那是他爸爸呀,可乾隆帝,作为康熙帝的孙子,都隔一辈了,他为什么还这么有动力呢? 乾隆帝对景陵的作为,主要有三个原因:其一是受到父皇的影响。雍正帝对康熙帝的尊崇,对乾隆帝肯定产生了影响;二是对康熙帝的特殊感情。我们知道,康熙帝对乾隆有知遇之恩,没有康熙帝的发现,并夸赞他"福将过予",就很有可能没有乾隆日后的九五之尊。三是国家有钱,正处在乾隆盛世。所以,乾隆帝决心为景陵做点什么。可是,这个好大喜功的乾隆,竟然违背了康熙帝的初衷,恣意增崇景陵。我们看看,乾隆帝究竟在景陵上有什么动作呢?

第一,增添五对石像生,违背了爷爷的意愿。康熙帝的景陵营建于康熙十五年,正是战乱年代,所以,康熙帝站在全局的高度,对景陵的规

景陵石像生

制进行了指示,尽量节省,不要浪费,因而裁掉了一些建筑,其中就有石像生。康熙帝这样做,其实是多方面的原因造成的。也就是说,在康熙帝心里,石像生这个东西是绝对不能建的。所以,即使后来国家安定了,有钱了,康熙帝也有精力了,仍然没有建筑石像生。乾隆帝也不想想,如果可以建的话,人家自己不会建吗?

可是,当时有一个叫玛起元的多事的监察御史,极力怂恿乾隆帝。相关史料记载,玛起元上了个折子说:"今奴才愚见,请于景陵前应照典制,敬为添设。"这个奴才真是太过胆大,竟敢做出这种事情来。按说,乾隆帝接到这个折子,应该申斥他。但没想到,这个奴才的奏折正中乾隆帝的下怀——他正想干这事呢。于是,到乾隆十三年,乾隆帝下令,给景陵神道补建了五对石像生。这五对石像生处在弯曲的神道上,向背参差,不仅破坏了风水,也违背了康熙帝的初衷。

第二,擅建高规格双妃园寝。康熙帝妃嫔众多,这些妃子去世之后,自然要有墓地。所以,康熙帝在世的时候,营建了景陵妃园寝,为这些妃子按照地位,划定了墓穴位置。地位高的在前排,地位低的在后面,每一个妃子都有自己的位置。这本无需他人费心,皇帝的老婆自然要由皇帝自己负责,包括生前死后。这正是买得起马治得起鞍,无需别人费心。

可是，乾隆帝居然替人家操心，他要为康熙帝的两个妃子建陵，这两位妃子是悫惠皇贵妃和敦怡皇贵妃。这就奇怪了——爷爷的妃子，要孙子来费心。可是，我们查阅史料发现，原来，他和爷爷的这两个妃子大有关系，我们看看他自己是怎么说的。《清高宗实录》记载了乾隆帝的话："朕自幼龄，仰蒙皇祖慈爱，抚育宫中。又命太妃皇贵妃、太妃贵妃提携看视。两太妃仰体皇祖圣心，恩勤备极周至，朕心感念不忘，意欲为两太妃千秋之后另建园寝，令王大臣稽查旧例。"原来乾隆帝因为要报答两位的养育之恩，就破坏宫中规矩，修建了景陵皇贵妃园寝。要知道，宫中这种事多着呢，都这样行吗？

这还不算，乾隆帝还肆无忌惮地继续破坏祖制。《清高宗实录》记载，按照祖制，妃园寝是这样的："向来，妃园寝之例，俱用月台。"也就是说是在一个平台上建起坟头而已，这是清朝祖制和家法规定的。可是，乾隆帝却不顾祖制，做了大胆突破：

景双妃明楼朱砂碑

1. 修建了明楼，树碑刻字。明楼这一建筑，那是只给帝、后准备的，因为要在里面树碑刻号。帝、后的名号要皇而堂之刻在石碑之上，供拜访者参拜，这是帝、后的特权。而妃嫔不适用，她们地位低下，没有什么可以炫耀的名号，不需要建明楼。可是，乾隆帝却别出心裁，不仅修建了明楼，还修建了两座。在明楼内，他居然把两位妃子的名号刻在了上面，极为超越。

2. 添建东西配殿。在帝、后陵寝里面，一般建有东西配殿。这两个建筑是有实际用途的，西配殿，是喇嘛为逝者念经超度的地方；东配殿，则是皇帝祭祀时，临时休息的场所。由于皇帝不可能去妃园寝，所以不需要配殿这些建筑。而在这座妃园寝里面，却修建了东西配殿。

3. 建置丹陛石。丹陛石也是帝、后陵的专利，形式是龙凤戏珠。可是，在这座妃园寝，乾隆帝也设置了一块丹陛石，内容是丹凤朝阳，一只祥凤展翅立于海水江崖和如意云朵之间，别有情趣。

所以，乾隆帝的这些做法，就使得这座妃园寝成为清代最高规格的妃园寝。仔细想一想，乾隆帝的这些做法是在给景陵锦上添花吗？他多次违背康熙帝的意愿，破坏祖制，起到了很坏的带头作用。康熙帝在天之灵也许会很生气，责怪这个孙子毁坏了自己一生的俭朴形象，他费力不讨好了。

这就是康熙帝的景陵。康熙帝以孝顺、逊避祖陵，建置了规制朴素的景陵。同样，他的儿子雍正帝为了表达孝心，恰如其分地增崇景陵规制，起到了锦上添花的作用。而乾隆帝则仰仗国家有钱，踵事增华，违背了康熙帝

皇贵妃园寝丹陛石

的初衷，是画蛇添足之举。康熙帝病逝，雍正帝继位，那么，这个孝顺又大有作为的雍正皇帝，又将如何设计自己的陵寝呢？下一讲详细叙述。

第六讲

革故鼎新的泰陵

泰陵全景

这一讲详细介绍雍正帝的泰陵。雍正帝,大家都知道,他是康熙帝的第四子,名爱新觉罗·胤禛,母亲是孝恭仁皇后乌雅氏。雍正帝在位13年,是清朝大有作为的一代皇帝。人们都非常关心、关注这位皇帝,究其原因,是雍正帝富于改革、革故鼎新,用铁腕建立起了一套强有力的制度,改变了腐败不堪的吏治,为乾隆盛世的到来开启了好头。

一、生前身后，革故鼎新

大家可能要问，雍正帝为什么要鼎革呢？

首先，政局不稳。雍正帝继位的时候，遭到了来自各种敌对势力的反对。到什么程度了呢？让人很难相信，非常危急——兄弟反对，八弟允禩、九弟允禟最厉害，就连他的同胞兄弟允禵也跟他过不去。他的亲生母亲也觉得他的继位，来路不正；民间的老百姓也攻击他弑父篡位。一个叫曾静的人，就曾经这样说："皇上进了一碗人参汤，不知何故，圣祖皇帝就崩了驾。"（《大义觉迷录》）就连当时的朝鲜人甚至也说"雍正继立，或云出于矫诏"（《朝鲜李朝实录中的中国史料》）。

其次，吏治腐败。大家可能奇怪，雍正帝是从康熙帝的手中接过的江山，难道康熙帝交给他的是一个吏治腐败的烂摊子吗？确实如此。康熙末年，康熙帝由于受皇太子事件的困扰，加之身体不好，几乎是身形消瘦，大有风一吹就倒的局势。资料记载，康熙帝两废太子，一次是康熙四十七年，他已经五十五岁了，康熙帝废太子的时候，"且谕且泣，几欲仆倒"，那得受多大刺激啊！一次是康熙五十一年，复立太子之后，再度废

泰陵前景

掉,这时他已经五十九岁了,年届花甲,力不从心。尤其是当他废掉皇太子以后,出现了更加复杂的局面:九个都很优秀的儿子展开了储位之争,使他心力交瘁、力不从心。加之当时忙于西北军务,西北战事吃紧——康熙五十六年,策妄阿拉布坦突然出兵西藏,背叛朝廷,康熙帝真是力不从心。繁杂的政事已经搞得他焦头烂额,不堪应付。康熙末年,官员更是贪腐成风,腐败不堪,康熙皇帝对此虽然心知肚明,但由于他年事已高,身体又不好,当年的雄风已经不再。在这种情况下,对于官吏他无心也无力治理,只得采取睁一只眼闭一只眼的办法。可是,大家知道,官吏就是这样,你放松对他们的治理,就会泛滥成灾。比如"噶礼贪腐案",噶礼是满洲正红旗人,开国功臣何和礼的四世孙。康熙四十八年七月,噶礼升为两江总督。他贪婪成性,官声极差。康熙五十一年二月,素有"天下第一清官"之称的江苏巡抚张伯行参劾噶礼,告发噶礼在康熙五十年科举考试中以 50 万两白银徇私贿卖举人。张伯行上书康熙帝,揭发他对下属"虽秽迹昭彰,亦可包荒藏垢;守正不阿者,虽廉声素著,难免吹毛索疵"。然而,康熙帝只给了噶礼一个革职的处分,没有治他的重罪,于是官场就更加黑暗和腐败了。康熙统治期间,实行的是宽仁的治国方略。大概康熙帝只记住了《周易》中所说的"仁者,德之首",却没有想到,由于他宽仁的政策,过于放纵官吏,他们便无所顾忌,贪腐成为一种官场风气。

这是雍正帝即位后面对的一个现实。雍正帝陷入了深深的思考,他要打破这种格局,开启一个新局面。究竟需要采取什么办法,改变这种现状呢?精明的他,决心先从自己的陵寝着手,通过陵寝的改革,给人们透露一个政治体制改

雍正帝朝服画像

革的信息,达到一箭双雕的目的。

那么,陵寝有那么大的作用吗?实际上,陵寝对国家政治生活的影响很大,是万人瞩目的国家工程。

陵寝能安定人心,万人瞩目。我们知道,陵寝对皇帝来讲最重要了,它不仅是皇帝的墓地、将来的归宿,更重要的,它是政治的风向标,对于稳定政局、安定人心,以及国家的发展、人心所向,都会起到不可替代的作用。所以,皇家陵寝的建设,并不仅仅是皇帝个人的家事,还是国家大事。也正因为如此,皇帝选择风水,被称之为"万年吉地"。

但是,陵寝也有个禁忌,那就是重在祖制,不能破坏祖制。陵寝的建筑,每一砖一石、一瓦一木,都是有规矩的,有祖制的,所谓"前有车,后有辙"。所以,陵寝制度的开启人非常重要,制度一旦确立,后人是很难突破的。退一步讲,如果有谁敢于突破祖制,那就等于挑战了传统,就要担起一定的风险,人们很有可能会大加挞伐。也正因为如此,陵寝制度一般来讲是一成不变的。

这样,雍正帝想,何不通过改革陵寝制度,来达到自己的政治目的

明十三陵定陵

呢？雍正帝把自己一个人关在屋子里冥思苦想，他想到了努尔哈赤创业的，艰苦卓绝，以一个弱小民族，终于建立了政权；想到了崇祯皇帝，由于官场腐败，吏治废弛，官逼民反，起义烽火遍地，导致了大明朝的毁于一旦。自己要怎么办呢？

大家这就明白了，雍正帝是要通过挑战传统的陵寝制度，来达到改变政治制度的目的。那么清朝都有哪些陵寝制度呢？

历史发展到雍正帝继位，清朝已经经历了四代帝王，陵寝制度基本已经形成。其中两条最为关键，是绝对要遵守的制度。

一是核心的模式。这种制度源于明朝陵寝的建筑形式，明十三陵就是这样建筑的，所有陵寝，都围绕朱棣的长陵来修建。而十三陵的制度，又是来源于《周礼》中说的"先王之葬居中，以昭穆为左右"的制度。也就是说，按照祖制，老皇帝死后，葬在中间风水最好的地方，而后来即位的那些皇帝们，就要围绕着老皇帝，东边一个，西边一个，形成一个中轴对称格局。这就是所谓的核心模式，是祖制。

二是子随父葬的制度。子随父葬是老祖宗留下的规矩，发展到清朝，已经几千年了。人们世世代代遵循不替，雍正帝的上任康熙帝就是这么做的。

总之，这两个制度其实只有一个内容，就是要求清朝的皇帝世世代代都要葬在东陵，围绕在顺治帝孝陵旁边，以之为核心。这就是所谓祖制的关键。

二、雍正为何另选葬地

雍正帝决心改革这个制度。他进行了大胆设想：离开祖陵，挑战祖制。这个想法一出来，连自己都吓了一跳。雍正帝能够实现吗？这很艰难。于是，雍正帝采取了迂回的办法，因为反对派的力量还很强大。他究竟是怎么办的呢？

雍正帝在选择风水宝地的时候，还是来到了遵化。可是，他并没有在东陵范围内选择风水，而是跑到离东陵有百里之遥的九凤朝阳山选择了风水。那么，九凤朝阳山在哪里呢？《遵化州志》记载："九凤朝阳山，在州西南，以九峰环抱一山故名。"实际上，《遵化州志》记错了，这座山不在州的西南,而是在州的东北,南辕北辙了。雍正帝这样做,其实并不违背祖制,都是在遵化修建陵寝,只不过稍微远了一点儿而已。你别说,此时,还真没有出现什么杂音。雍正帝这招成功了。

之后的事情是,雍正帝在这里大张旗鼓地备料,还选择了开工日期,给人的感觉就是要建陵了。但是实际上,工程处于停滞状态。雍正帝期待着柳暗花明时刻的到来。

机会终于来了,据《雍正朝起居注册》记载,到雍正七年,雍正帝得到了一个喜讯,那就是他的两个宠臣,怡亲王允祥和福建总督高其倬给他"相得易州境内泰宁山太平峪万年吉地,实乾坤聚秀之区,为阴阳和会之所。龙砂穴水,无美不收;形势理气,诸吉咸备"。就是说,这里是一处难得的尽善尽美的风水宝地。雍正帝乐坏了,真是太好了! 既可以依据自己的才智,建立起一套崭新的陵寝制度,又可以刷新体制,形成一个牢固的核心区域。真是一箭双雕、两全其美的好事,何乐而不为呢?

怡亲王允祥朝服画像

但是,雍正帝很冷静,他并没有贸然行动,而是在冷静观察,洞察时局变化,看看机会是不是成熟了。所以,雍正帝虽然选择了风水宝地,却迟迟没有开工。他在等机会。有这样的机会吗?雍正八年,发生两件大事,像催化剂一样,让他痛下决心,终于把泰陵的修建,推上了日程。

一是雍正帝的心腹重臣怡亲王允祥不幸病逝。怡亲王对雍正帝的重要性载于史册,是雍正帝最信任的兄弟、大臣。雍正帝给了他最高的爵位。在康熙帝去世的第二天,入承皇位的雍正便任命胤祥为四位总理事务大臣之一,同日晋升为和硕怡亲王。这是雍正帝信赖允祥的重要信号。八年间，允祥主持过户部、内务府、圆明园、会考府、军需房等等事务，涉及清廷最高机构的方方面面，深得雍正帝的信赖，允祥的政绩也深得雍正帝的肯定。所以，雍正帝曾经十分感慨地说："朕实赖王翼赞升平，王实能佐朕治平天下。"雍正帝信任和依赖这位王爷弟弟，简直达到无以复加的地步，所以对允祥，雍正帝也是大肆赏赐。如：

（一）赏赐风水宝地。为了奖励允祥，雍正帝曾想将位于西陵界内的一块"中吉"风水之地赐给十三弟，但允祥感到自己不应享受本应供帝、后们使用的风水宝地，坚持不要，态度十分坚决。于是，他到西陵外围的涞水县自选了一块地，请求赐为安葬之所，雍正帝只好依了他，在那里给了他一块"平善之地"。为了表示感恩，允祥便派人在那里取了一块黄

怡亲王园寝火焰牌坊

土,吞了下去。这件事流传很广。

(二)赏赐名字。大家可能奇怪,允祥不是有名字吗?还要雍正帝赏赐干什么?其实,确切地讲,不是赏赐,而是恢复原名。大家知道,康熙帝的儿子们,大都以"胤"字命名,如胤礽、胤禛、胤禩、胤禵、胤祥、胤禵等。雍正帝即位后,霸道地要自己的兄弟们一律改名,修改"胤"字为"允"字,美其名曰避讳,就是避皇帝的讳。《清世宗实录》记载,允祥病逝后,雍正帝竟格外加恩,特许他的名字恢复为胤祥,规定:"凡告庙典礼所关,有书王名之处,仍用原名,以志朕思念弗释之意。"这对于以严苛著称的雍正帝来说,真是太难得了。

(三)特别照顾允祥已经去世的母亲。雍正帝爱屋及乌,对允祥的宠爱居然使其母亲也沾了光。雍正元年六月,允祥生母章佳氏已经死去20多年,由于自己的儿子,却时来运转。雍正帝居然把已经去世20多年,葬到地下的敏妃的棺材启出来,把她由敏妃晋封为皇贵妃,称为敬敏皇贵妃,并被破格葬入康熙帝的景陵。这难得的殊荣,是章佳氏生前做梦也想不到的,也是允祥没有想到的事情。

怡亲王园寝石牌坊

雍正八年五月初四日,怡亲王允祥病逝,雍正帝悲痛欲绝,乱了方寸:"怡亲王仙逝,朕之痛惜苦衷实非墨之能谕,朕方寸既乱,而兼乏枢机运筹之助。"可见允祥在雍正帝心目中的地位有多重要。他的死,使雍正帝意识到,自己的陵寝必须要马上修建。他的死,对雍正帝开工建陵堪称一剂催化剂。

二是雍正帝自己得了一场大病。允祥病逝,雍正帝悲痛万状。宫廷传出话来,说他不时发烧,寒热不定。到底什么病,也没有向外界公布,只是传出来说雍正帝的下颌长了很多疙瘩。而雍正帝自己则说过,由于怡亲王病逝,加重了自己的病情。所以允祥病逝后,雍正帝认为自己也快死了,因而开始交代后事:

第一,安排棺材之内的随葬品。雍正帝真的预感到了自己大限将至,于是他从雍正八年五月初四日开始,在 14 天之内,连续做了一系列后事安排。告诉身边人把这些东西随葬:孝庄文皇后赠给的一盘数珠、父皇康熙帝赠给的一盘朝珠、怡亲王允祥的一件遗物、一个玻璃鼻烟壶,还有一部经书《日课经忏》和一枚古钱。在这里,我们看出,雍正帝是多么看中允祥,把他的遗物等同于孝庄文皇后和康熙帝的赠品。从雍正帝的这些陪葬品看出,雍正帝真的很俭朴,甚至可以说是很寒酸。

第二,下达遗嘱。八年六月,雍正帝召集亲信王大臣,包括弘历、允礼、张廷玉等,面授机宜,准备遗诏。这年九月,雍正帝先后召来大学士鄂尔泰和张廷玉,向二人泄露了皇太子人选,也就是"正大光明"匾后面的秘密到底是谁。

于是,就在允祥去世百日后,雍正八年八月十九日,泰陵开工建设。这真的是形势所迫。那么,究竟怎么建设泰陵呢? 这是万人瞩目的一件事情,大家都在关注着这件事,看看雍正帝会建一个什么样的陵寝。

雍正帝很聪明,他在重病之中,并没有乱方寸。重病之中的雍正帝经过缜密思考,决定用八个字作为建设泰陵的指导思想,那就是"承前启后,革故鼎新"。

一是建立了一个崭新的核心体系。在泰宁山下,雍正帝精心布局,建立了一系列中轴线建筑。从南面的元宝山到北面的泰宁山,长达五华里的风水线上,建起来一系列的礼制型建筑,有石牌坊、大红门、神道碑亭、隆恩门、隆恩殿、方城明楼、宝顶地宫等等。在这里,形成一个像孝陵一样的核心体系。这样,一个以雍正帝泰陵为核心的崭新的体系建立起来了。

泰陵文臣石像生

二是逊避祖陵制度不能变。所谓逊避祖陵,就是不超越、孝顺祖先的意思。雍正帝对父皇的孝顺,那是有名的。历史记载,他清明节给康

泰陵武将石像生

熙帝上坟，曾经爬上宝顶，膝盖被划破了，鲜血染红了宝顶，这在前面已经介绍。所以，雍正帝在泰宁山下的这个新陵区内，从大红门、神道、神道碑楼、隆恩殿、宝城、宝顶、地宫等等，所有的建筑，无论在体量还是在规模上，都没有超过祖陵，表达出的就是对父祖的敬畏之心、逊避之心。雍正帝早在为康熙帝建筑大碑楼的时候，就形成了逊避祖陵的思想。由于康熙帝在位 61 年，功绩大，碑文就达到 4300 多字，还要满、汉两种文字，刻在一个大石碑上，就必然要高出孝陵大碑楼石碑很多，那样就不孝顺了，为了解决这个问题，雍正帝采取了建两通石碑的办法，解决了这个问题。再比如石像生，雍正帝建陵之初，考证了一番，认为既然父皇的景陵都没有建石像生，那我的陵墓也不能建。另外，雍正帝还考虑到风水问题，发现他的陵寝神道不能建石像生："泰陵未议设石像生者，实由风水攸关，非典礼所未备。"可是，乾隆帝即位后，有了想法。他非常喜欢石像生，认为有了这些建筑，就很有气派，加上国家有钱，也有能力建石像生，何乐而不为呢？可是，乾隆帝也很担忧，怕自己的陵墓修建了石像生，会遭到后人指责，说他不孝顺。于是，乾隆帝动了脑筋，来了个迂回政策，先给康熙帝的景陵补建石像生，再给父皇的泰陵补建石像生，然后自己就可以冠冕堂皇地修建石像生了。所以，泰陵的石像生不是雍正帝修建的，而是乾隆帝强行加上的建筑。这种做法，体现了乾隆帝的意志，却违背了雍正帝的意愿。

三是创立新体制。这才是雍正帝的真正目的，他是要通过陵寝的建筑，体现自己的意志。雍正帝的泰陵究竟是怎么做的呢？雍正帝在陵寝建筑上，到底都有哪些创新？

建三架石牌坊。石牌坊是身份和地位的象征，通过这个建筑，能够体现墓主人的尊严和崇高地位。泰陵的石牌坊在泰陵中轴线最南端，由三架组成，东西南三面向北围合，改变了顺治帝孝陵仅有一架石牌坊的格局。

三、石牌坊谜团

关于泰陵的石牌坊，有三种说法。

一种说法是雍正帝从明十三陵那里偷来的。这里面，还有一个故事呢。雍正帝去世后，乾隆即位，大学士刘统勋，也就是刘罗锅的父亲，敢于直言,他上朝质问乾隆帝:"挖坟掘墓是否犯法?"答:"当然。"问:"帝王犯此法,该当如何?"答:"当然是与民同罪了。"问:"既知如此,为何偷了十三陵的石牌坊?"乾隆帝语塞。当然这仅是传说而已。

泰陵的石牌坊

第二说法,说这三架石牌坊是蒙古王公凑钱修建、捐献给雍正帝的。蒙古王公为什么会如此慷慨呢? 原因很简单,那就是为了报答大清皇帝的知遇之恩。我们知道,清朝皇帝对蒙古是格外高看的。尤其是满蒙联姻,清朝皇帝的公主甚至也会远嫁蒙古,表示大清皇帝对蒙古王公的厚爱。所以,有这么一个机会,赶紧报答清朝皇帝吧。史料表明,雍正帝确实对蒙古王公格外高看。如雍正帝就把他的女儿指婚下嫁给了蒙古。这里需要说明一下,雍正帝的亲生女儿有四位,但三位幼年夭折,仅皇二女长大成人。他这个女儿康熙三十四年(1695)七月初六日生于藩邸,母为侧妃李氏,即后来的齐妃李氏。康熙五十一年(1712)三月封为郡君,七月晋郡主,九月嫁纳喇星德,这个额驸是个满洲人,不是蒙古,但这是父皇康熙帝的指婚。雍正帝即位后,把自己的三位养女下嫁给了蒙古。《清皇室四谱》记载,和硕淑慎公主,胤禛兄、废太子允礽第六女,雍正初抚养宫中,康熙四十七年(1708)正月初二日生,雍正"四年丙午,年十九;十二月,下嫁科尔沁博尔济吉氏观音保"。科尔沁博尔济吉特氏观音保,乃蒙古贵族,为孝惠章皇后母家从孙。此外,还有两位养女,雍正帝也做主嫁到了蒙古。和硕和惠公主,为雍正帝之弟怡亲王允祥第四女,康熙五十三年(1714)十月初十日生,雍正初抚养宫中。雍正七年(1729)十月十六日,嫁喀尔喀博尔济吉特氏多尔济塞布腾。额驸多尔济塞布腾,喀尔喀丹津多尔济之子。和硕端柔公主,为雍正帝之弟庄亲王允禄第一女,康熙五十三年(1714)二月二十九日生,雍正初抚养宫中。雍正八年(1730)十二月,嫁科尔沁博尔济吉特氏齐默特多尔济。额驸齐默持多尔济,郡王罗卜藏喇什之子。当然,这些都只是一家之言,并不足信,或者需要足够的史料证实。

第三种说法是,泰陵的这三架石牌坊反映了墓主人雍正帝的个人意志。因为,雍正帝即位前的潜邸雍和宫前面,就是三架牌坊。雍正帝即位前,居住在雍王府,也就是后来的雍和宫。他即位后,为了神话自己的身份,就把雍王府变成了喇嘛庙,里面香烟缭绕,很是神圣。所以,在雍正帝心里,雍和宫非常重要。这样,他建筑陵寝的时候,当然希望在非常神秘的陵寝里面,也能加进雍和宫的元素,这样自己百年后,也有一种回家的感觉。

雍和宫鸟瞰

所以,泰陵前面的三架石牌坊,最主要的就是体现了雍正帝的个人意志,体现了他的威严和牢不可破的地位。

四、麒麟的寓意

在泰陵大红门南面两侧,有两个石麒麟,兀然昂首,蹲在那里。

这是一件十分新奇的事情,在东陵的孝陵、明陵的孝陵、明陵的长陵,这些先朝的帝王陵寝建筑前面,都没有这组建筑。在陵寝这么神圣和神秘的地方,怎么会随意放上多余的建筑呢?

我们先考证一下麒麟到底是什么样的宝物,雍正帝怎么会这么看重它呢? 东汉许慎《说文解字》中这样解释:"麒,仁宠也,麋身龙尾一角;麐,牝麒也。"就是说麒麟分公母,是鹿身、龙尾、长一角,是仁义的动物。清人段玉裁进一步对麒麟进行了考证:"设武备而不为害,所以为仁也。"我们梳理一下,麒麟有三个特点:一是神兽,很厉害的神兽,是神话中的灵异之物,天地诞生之初,飞禽以凤凰为首,走兽以麒麟为王。二是麒麟镇宅化煞。说麒麟能够消灾解难,驱除邪魔,镇宅避煞。三是麒麟为仁义之兽。说它具有非常优秀的品质,比如,其性温善,不覆生虫,不折生草,主要是不伤害弱者。这点实在是太难得了。

泰陵大红门前石麒麟

讲到这里，大家就明白了，原来雍正帝陵寝前面这一对石麒麟，恰恰是雍正帝形象的化身：他有麒麟般的本领，惩贪除恶；他又有麒麟一样的仁善，为民办事，造福黎民百姓。这里我举几个例子，大家看看，雍正帝是不是很像传说中的麒麟。

（一）铁腕惩贪，绝不手软。

雍正帝继位，立即成立反腐机构会考府，着手打击贪官污吏。他警告那些贪官说："朕今不能如皇考宽容。"让自己最信任的怡亲王允祥主政会考府，并说"尔若不能清查，朕必另遣大臣；若大臣不能清查，朕必亲自查出"（《上谕内阁》），表明他反腐的决心。在这种高压态势下，贪官污吏无处藏身，就连雍正帝的弟弟允䄉也不得不认罪。允䄉在管内务府事的时候，亏空很大。雍正帝命其赔补亏空，允䄉不得不将家用器皿拿到大街上出卖，作为赔银。而对于那些畏罪自杀的官员，雍正帝指出："料必以官职家财既不能保，不若以一死抵赖，留资财为子孙之计，所有赃款着落追赔。"所以，这个厉害的雍正帝，就把那些贪官污吏吓坏了。直隶总督李卫就向雍正帝报告："通省州官，任三年以上者无。"就是说，那些贪官污吏都纷纷辞职了，或者被罢官了。大家看看，雍正帝是不是很厉害。

（二）推行摊丁入亩，造福黎民百姓。

雍正帝出台了一条政策，叫做"摊丁入亩"。就是征收赋税，不再像以前那样，按照人头收税，而是按照田亩多少收取赋税。《清世宗实录》记载，雍正元年九月甲申，户部议复，直隶巡抚李维钧请将丁银摊入田粮之内，应如所请。雍正毅然决定："将丁银均摊地粮之内，造册征收。得旨，照户部议行。"也就是说，从这个时候开始，征收赋税，不再按照人头收取，而是按照土地多少征收赋税了。这就改变了中国几千年以来的税收政策，老百姓欢欣鼓舞。这是一项有利于黎民百姓的惠民工程。

（三）怀有仁爱之心，顾恋柔弱的妃子。

雍正帝的仁爱之心，还体现在后宫里面。在他的后宫里面，有一个柔弱的女子，这就是年妃。我之所以说年妃柔弱，一是因为年妃身体羸弱。她身体一直不好，体质较差，就是一个宫廷版的林黛玉。二是因为年妃胆子很小。年妃这个女人小心谨慎得很，可以用小心翼翼来形容她。《清宫词》等资料记载，年妃甚至"偶有家书，必先呈御览"。也就是说，年妃

泰陵三座门

连自己娘家的来信都不敢擅自拆开,必须交给雍正帝看过之后,自己才看,这样,就避开了内外勾结的嫌疑。大家看,年妃是多么小心谨慎的人啊。三是因为年妃很不幸。雍正帝很喜欢她,使这个女人有了很好的生育。年妃从康熙五十四年一直到雍正元年,连续生育了四个孩子,三个阿哥一位公主。可是,年妃很不幸,这四个孩子全部未成年就夭折了。所生公主,三岁死,皇子福宜二岁死,福沛则生下来就死了。大家看一看,年妃多不幸!四个孩子,有三个在她生前就去世了,这对于一个柔弱女子的打击实在是太大了。没有了孩子,就没有了希望,年妃很伤心,身体每况愈下。

伤心的年妃在雍正三年十一月二十二日病逝了。雍正帝得到奏报,极为不安和自责,觉得自己对不起年妃,对她照顾不周。《清世宗实录》记载,他对王公大臣说:"凡方药之事,悉付医家,以至耽延日久。"从这里我们看出雍正帝的侠骨柔情。

为此,雍正帝为年妃做了三件事:一是晋封为皇贵妃,这是难得的殊荣。二是给她隆重治丧。三是决定将来把她葬到自己陵寝地宫之中,永世陪伴在自己的身旁。雍正帝的这个决定真的很仁慈,体现了他的仁爱之心。

我们从这几个例子,是不是能够看出雍正帝具有麒麟一样的性格特征呢？他是不是一个活脱脱的麒麟呢？

　　这里，我们总结一下。雍正帝在陵寝建设上，挑战陈规，革故鼎新，尤其是他另辟陵区，开启了一个崭新的陵寝建筑的新格局。这种格局的建立，对清朝以后昭穆制度的形成，奠定了基础。所以，泰陵的建筑，体现了雍正帝的性格和作为，是清朝帝陵承前启后的标志性建筑。

第七讲

令墓主心绪不宁的裕陵

裕陵形胜图

这一讲介绍乾隆帝的裕陵。乾隆帝名爱新觉罗·弘历,是雍正帝第四子,生母为孝圣皇后钮祜禄氏。乾隆皇帝在位60年,又做了3年多的太上皇帝,掌实权达63年之久,是中国历史上掌权最久的皇帝。而且他还是个长寿的皇帝,活了八十九岁,是中国历史上寿命最长的皇帝。

一、左右为难的身后事

按说,乾隆帝应该是史上最遂心的皇帝了,你看,他占有两个历史之最:寿命最高的皇帝,掌权最久的皇帝。可是,人总有不遂心的事情。乾隆帝也是一样,他继位之后,为了一件事总是心绪不宁,这就是他的万年吉地,也就是建陵的事情。建陵嘛,本来挺简单的事情,就是子随父葬就好了,没有后世子孙发挥的余地。可是,他的父皇雍正帝却独辟蹊径,离开了祖陵东陵,到易县营建了规模宏大的泰陵,成一代规模,这就是后来的西陵。同时,也使乾隆帝有些不知所措,感觉很是茫然。

皇帝登基后,马上就应选择万年吉地,这是有祖制的:"向例,皇帝登基后,即应选择万年吉地。"老祖宗留下来的规矩,乾隆帝不应该有什么顾虑,这符合大清家法。可是,面对两处先皇的陵寝,他此时很茫然,究竟要去哪里选择万年吉地呢? 是去东陵,回归祖陵,还是去西陵,子随父葬呢? 最终,他采取了这样的态度:

一是拖。能拖一天是一天。他二十五岁登基,绝对是成年皇帝了,选择万年吉地绝对是当务之急。可是,乾隆帝不敢想这个问题。乾隆元年不提这件事,乾隆二年也不提这件事,就这样一拖就是两年过去了,王公大臣很纳闷:皇上到底在想什么呢?

二是怕。乾隆帝不是不想这个问题,很明显,他没有主意,不知道怎

裕陵玉带桥、陵寝门

么办。可是，王公大臣不管那一套，他们开始急切地上书催促了。相关史料记载，当时的议政大臣、兵部尚书讷亲联合议政大臣户部尚书海望上奏，要求乾隆帝赶紧派人选择风水："惟是万年吉地，垂宝祚于无疆，绵福祉于有永，事关重大，相度宜先。"可是，讷亲很谨慎，只说了应该马上选择，到底去哪里选择，他没敢说。我们理解他，恐怕是心知肚明的事情，谁敢乱说话呢？乾隆帝是怕什么来什么，心里说：你只管说该选择，去哪里你怎么不说呢？乾隆帝选择了沉默。讷亲看看没有动静，就接着再上书，还是这个问题。

三是乱。乾隆帝看到讷亲两上奏折，都是催促选择风水宝地，心里开始乱了起来。到底要怎么办呢？乾隆帝有心要问问大臣们的意见，可是，碍于皇家颜面——这是皇家的隐私，怎么好开口呢。于是，乾隆帝在茫然无措的情况下，派出了风水术士，到处选择，根本没有目标。

去西陵。这是肯定的，父皇雍正帝在那里，当然是他的首选目标，有子随父葬的传统，肯定要去那里选择。

去东陵。即去遵化，因为一个很重要的原因，那就是他最最崇拜的偶像也是他的爷爷康熙大帝葬在东陵，这就是景陵。所以，他一定会来到东陵选择万年吉地。

去遵化。乾隆帝还派人在遵化选择了两处风水：一处是九凤朝阳山风水，一处是霍家庄风水。这两处风水都在遵化城北，山环水绕，风景极佳，均在堪舆之列。

去永平。乾隆帝派人去永平府的滦河岸边，选择了那里的风水。

去密云。这里毗邻京师，山环水绕，选看了董各庄风水。

去奉天。就是去盛京，也就是沈阳，那里是大清朝的发祥地，是入关前的首都，应该去那里，感受一下回归的乐趣。

大家看一看，乾隆皇帝这不是乱了方寸吗？东、南、西、北四处选择，没有一个确切目的，也实在是茫然无措。但是有一点儿，乾隆帝并没有表态，一律存疑待定。

但是，乾隆帝毕竟是一个乾纲独断的帝王，不会长时间拖下去。这种事早晚要决定，拖只是权宜之计。《清高宗实录》记载，乾隆帝在沉寂了几年之后，终于在乾隆七年，他过而立之年的时候，做出决定。经过长时间的思考，乾隆帝下旨："万年吉地定于胜水峪，一应工料等物，该部照例办理。"胜水峪在哪里呢？这块宝地在东陵，就在康熙帝景陵附近。

二、艰难抉择后的纠结

乾隆帝做出这个选择是艰难的，也是痛苦的，同时，我们看出，乾隆帝也是顾全大局的。也就是说，乾隆帝做出这个决定，心里是很纠结的，感觉是心绪不宁的，其中的原因是：

一是对不起父母。

裕陵前景

乾隆帝对父皇和母后的感情是很深厚的。和父皇的感情，当然源于父皇对自己的看重，对于皇家来说这种感情是难得的。俗话说"父子之亲，夫妇之道，天性也"，也就是说，父子之情和夫妻情分一样，是一种很自然的感情，天经地义。可是，在皇家就不一样了，皇家的父子也是君臣，责任和义务大于情感。自从雍正元年八月十七日雍正帝秘密立储，皇四子弘历也就是乾隆成为皇储，这就把雍正帝和对皇位有想法的皇三子弘时的感情拉开了距离。《清皇室四谱》记载，为此，弘时还放话，中伤父皇，以至于父子之间反目。最终，雍正五年，弘时"以年少放纵，行事不谨，削宗籍死，年二十四"。雍正帝一如既往地力挺弘历做皇太子。据《永宪录》记载："十三年，上传位今上，降谕皇太子仁贤。"所以，父子感情一直保持着恒温。对于母后的感情，那就更不用说了。在皇家来说，由于皇帝后妃众多，母子之情是最真挚的。孝圣皇后一生只生育了一个孩子，他的全部希望都在这个孩子身上，母子之间那种感情是唯一的，任何人都无法替代。

所以，对乾隆帝来讲，父母就是天。那么，百年后，作为儿子的乾隆皇帝，都不能陪伴在父母身边，这能说得过去吗？乾隆皇帝内心能不纠结吗？

裕陵地宫

二是对不起自己。

乾隆皇帝最终将东陵的胜水峪确定为万年吉地。对这块风水，乾隆帝心里是有数的。按照风水术士的勘察，这块风水存在严重的问题：

1. 地势有问题。这里的地势落差虽不大，但据相关史料记载，钦天监在点穴位的时候，却发现这里的土质不错："经刨验土色，三尺有紫色土，四尺至八尺系纯青细土。"这种土质，非常符合陵寝的要求。可是，这里有一个大问题，那就是地势落差太小，几乎是平坦的地势，不利于雨水的下泻，每到雨季来临的时候，后山雨水很可能会存积起来导致地宫渗水。后来的事实证明了这一点，在乾隆十七年，陵寝刚刚竣工，地宫就开始渗水，闹得大家都很不愉快。据《东陵盗案汇编》记载，1928年孙殿英盗墓时，就发现裕陵地宫有两米多深的积水，以至于40天后，清朝遗老遗少们赴裕陵重新殓葬乾隆帝后妃时，遇到了困难："门内水深四尺余，同人均梯而下，在水边蹲视，望见二道石门，门亦半开，隔水不能再进，其中阴寒彻骨。晚雨，同人商撤水之法。议论纷纭，迄无善策，拟借大库撤水机器一试。"

2. 砂山有问题。砂山是陵寝周围的环绕之山，对于风水来讲是至关重要的，它对于保持陵寝环境以及绿化有着不可替代的作用。可是，裕陵的砂山却很不健全,《录副奏折》记载:"左边贴身界气之砂稍低,需用人力培补。"实际考察得知,裕陵砂山基本全为人工培补。

裕陵石拱桥

3. 朝向有问题。如果要在胜水峪建筑陵寝,建筑的轴线理应朝向金星山,才大富大贵,金星山是东陵的总朝山。可是,这里出现了问题,据"建筑工程·陵寝坛庙"记载,按照风水术士的考证:"万年吉地内向壬山丙向兼亥巳,丁亥、丁巳分金,脉气最盛。"也就是说,地宫内金券的风水线和地面建筑的轴线不能统一,会有一个夹角,这是很别扭的事情。果然我们今天到裕陵地宫去,会看到这个地宫的建筑是扭斜的——前后扭斜,这就是因为朝向出的问题。

既然胜水峪这个地方风水有问题,是不健全的,一般来讲,皇帝发现这么严重的问题,是会弃之不用的。可是,乾隆帝最终还是委屈了自己,顾全了大局。

三是负面影响。

毫无疑问,乾隆帝离开西陵,离开父母,来东陵选址,会产生负面影响。子随父葬的传统被彻底破坏,其实是传统意义上的一种孝道就这样有可能被皇家破坏了。他乾隆帝起了这个带头作用,以后建陵的随意性可能会进一步发展。《管子》中就曾说过"父不父则子不子",意思是上梁不正下梁歪,后来的皇帝也会学乾隆,在选址、规制、建筑形式等方方面面不遵祖制,随意破坏。为此,乾隆帝承受了巨大的心理压力。

所以,对乾隆帝来讲,胜水峪地方无论是风水还是伦理,都让他纠结,让他矛盾。这种情绪蔓延开来,使他心绪不宁。

可是,乾隆帝终究是一位聪明的天子。他经过几十年的思索、判断之后,一个崭新的想法在脑海中诞生。那就是,他要创立一种新制度,要变不利为有利,变被动为主动。这是必需的,必须给父皇一个交代,说明自己为什么离开西陵;给自己一个交代,因为皇陵这个东西绝对不仅仅是个人的事情,在人们的心中,它关乎江山社稷,是国家大事。所以,乾隆帝要对此做一个交代。于是,他开动脑筋,创造性地提出了一个新理论,这就是"昭穆之制"。

清代的裕陵图

这里,有必要解释一下昭穆之制。段玉裁在《说文解字注》中这样解释:"庙有昭穆,昭取阳明,穆取阴幽。"这里说的昭穆其实就是"鬼神"的意思。而在更早的典籍《周礼》中,则更是把昭穆视之为左右,是方位的含义:"先王之葬居中,以昭穆为左右。"所以,二者结合起来,昭穆就是在墓葬中东西神位的排列顺序。相关史料记载,按照这个原理,乾隆帝创造了这样一种制度:"我朝景运庞鸿,庆延瓜瓞,承承继继,各依昭穆次序,选分东西,一脉相联,不致递推递远。"

按照这种规定,以北京为核心,东陵为"昭",西陵为"穆",清朝皇帝是父子分葬的,而这个昭穆的核心,已经不再是《周礼》中所说的死去的

老皇帝了,而是北京城。这个理论太有创意了,也太有意义:

1. 给父皇解了围。大家知道,雍正帝离开祖陵,开辟西陵,其实是承担了巨大的政治风险的。人们一致认为他是在回避着什么,是一种不孝顺的行为。所以,即使是雍正帝本人在当时,也还是处在"犹抱琵琶半遮面"的尴尬境地。乾隆帝这种制度的确立,肯定了父皇的做法,是开辟了一个崭新的陵区,是为了大清寻找的风水宝地,是一次陵寝上的重大革新,是很有意义的事情。在法律上肯定了西陵的地位,是合法的。

2. 给自己解了围。乾隆帝自从选择了胜水峪,心情就没好过。与父母的别离,让他心绪不宁;风水的缺憾,使他沮丧至极。真是不知道怎么摆脱这种尴尬境地,纠结、揪心、灰色的心理不知道压抑了多长时间。这个昭穆之制的提出,使乾隆帝完全释然了,放松了,也解脱了。所以,昭穆之制的提出,真是一剂自我解围的良药。

3. 成为一个家法。相关史料记载,乾隆帝在颁布这个制度的时候,明确指出了这个制度的重要性,并要求后世儿孙必须遵守:"我子孙惟当恪遵朕旨,溯源笃本,衍庆延禧,亿万斯年,相承勿替,此则我大清无疆之福也。"乾隆帝明确规定,要遵守,不要破坏,这是皇家建陵的大法,要世代遵守。实践证明,后来的皇帝对这个家法是很忌惮的,每每有所突破,都是惴惴不安的,就像尚方宝剑一样,让人恐慌,唯恐谁拿出这个家法来。

4. 找到了平衡点。乾隆帝选中胜水峪,因为有些风水缺憾,当时就有一个叫进爱的风水术士上书,要求乾隆帝废弃这个地方,另外选择。乾隆帝大怒,不仅没有采纳进爱的建议,反而更加坚定了他定位胜水峪的决心。这究竟是为什么呢?因为他找到了心理的平衡点。受到康熙帝的影响,之前我讲过,康熙帝景陵的风水有比如地势低洼等问题,但康熙帝还是义无反顾,几乎没有经过太多思考,就在孝陵东边修建了景陵。乾隆帝最崇拜爷爷康熙帝了,什么都学他,包括六下江南、东巡盛京等等。他之所以来到东陵,就是舍不得爷爷,想陪伴他。所以,受此影响,他认为风水的缺憾不算什么。这样,乾隆帝选定了胜水峪,等于是看了康熙帝的面子吧,从某种程度上说也提高了自己的地位。如果看一下胜水峪的位置就明白了,其实是一个很高的位置。这个地方毗邻孝陵,与景陵一东一西,对称护卫着孝陵。实际上,按照古代宗法制度,这个位置应该是乾隆父皇雍正帝的,这不就等于提高了乾隆帝的辈分和地位了吗?能够与自己最崇拜的康熙大帝一起,构成康乾盛世的壮丽画卷,这不正是乾隆帝梦寐以求的事情吗?这样,能够在胜水峪建陵,乾隆帝觉得不吃亏,值得。所以,乾隆帝在这里找到了他的平衡点,心理是满足的。

三、盛世皇帝盛世陵

乾隆帝开动脑筋,创立的这个制度,就使自己变被动为主动,收到了一石三鸟的效果。当然,以乾隆帝好大喜功的个性,光心理平衡是远远不够的。他绝不会亏待自己,也绝不会徒有盛世虚名,他一定会有所动作的。乾隆帝会在自己陵寝里面做哪些手脚呢?

第一,逾制修建石像生。

前面我讲过,清朝皇帝以孝治天下,实行逊避祖陵制度,就是后代陵寝的规制较前朝陵寝规制缩小,所以,康熙帝建景陵的时候,毅然裁掉了

裕陵石像生

石像生。理由说得很明确,就是逊避祖陵。可是,乾隆帝对石像生非常喜欢,只是碍于逊避祖陵的祖制,他没有擅自建设石像生,而是采取了一个取巧的办法,那就是先给爷爷的景陵补建五对石像生,再给父皇的泰

陵补建五对石像生,然后,自己堂而皇之地修建了石像生。乾隆帝觉得自己这样做,没有纰漏,别人不会说什么。但是,在操作的过程中,乾隆帝使用了一个小手段,就是自己的石像生比父、祖的石像生多了三对。父祖的石像生是五对:文臣、武士、马、象、狮。而裕陵的石像生比之多了三对:麒麟、骆驼、獬豸。这样,裕陵的石像生就是八对了,其品种和顺治帝孝陵的一模一样。乾隆帝这就有点儿不厚道了,是一种严重的逾制行为。

裕陵大殿

第二,靡费巨资,使用楠木建筑三大殿。

乾隆帝修建裕陵,仰仗乾隆盛世,国家有钱,不惜靡费巨资,主要殿宇建筑一律使用珍贵的金丝楠木,这种木料有一个美称,叫做"万年吉木"。裕陵采伐的这种万年吉木具有几个特点:

1. 数目巨大。裕陵工程开始,成立了工程事务处,负责陵寝的物料采办、工程建设等事项。相关史料记载,按照工程处的计划,裕陵建设"估计得圆、枋楠木五千五百九十七件",数量很大,分配给广东、四川、湖南、福建等省采办,其中广东分得的数量最多,达到 2000 多件,压力最大。

2. 采办艰难。楠木属于珍贵木料,采伐是极艰难的事情。主要是由于这种木料非常奇缺,"须于崇山之内,人迹罕到之区,深入搜寻",要想采到一根大料楠木,要在深山之中,搜寻几十里地,真是难如登天。据相关史料记载,这些辛苦的采木工人,为了得到一根楠木,披荆斩棘,异常艰辛,"层峦叠嶂,羊肠鸟道,沿途必须开山辟路,搭材转运,每日只能行程五里"。即使如此,湖南的任务还是难以如期完成,万不得已,只好花钱去贵州采买。

3. 运输困难。各省楠木随采随运,运输又是一件难办的事情。大家想一想,由南方运往东陵,长途跋涉,那个时候,别提多难了。各省所走路线,一般是沿大运河北上,到达通州,再由通州起运到达遵化。福建则是海运,海上情况复杂,说不定什么时候就会发生意外事件。比如,一次运输楠木的船只已经到达山东荣成,却突遇海浪,把船只击碎,11件艰辛采伐的楠木随波逐流,功亏一篑。大家想一想,采木工人费尽心血采伐的木材,就这样不见了踪影,多么可惜!

裕陵地宫

4. 时间漫长。裕陵的采伐楠木,是从乾隆八年开始的,到第二年,福建就开始解运,是最积极的省份了。可是,乾隆帝没有想到,这个采木工程十分艰难,还以为很快就会完成呢。事实证明并非如此,直到乾隆十六年,湖南还在进行着楠木采伐工程。这个过程,前后长达9年,就等于和裕陵整个工程相始终了。史料记载,连乾隆帝也有点抱怨地说:"各省采办吉地木植,经数年,逾限数次,屡行饬催,尚未解齐。"

第三,靡费巨资装潢地宫。

裕陵地宫石门菩萨像

乾隆帝笃信佛教,自称"文殊菩萨大皇帝",是文殊菩萨转世。所以,不仅在其隆恩殿内首次设置了佛楼,供奉佛像;而且在其裕陵地宫之中,镌刻了大量的佛教内容。有石门上的八大菩萨,门洞里的四大金刚,券顶上的三十五佛,还有平水墙上的五欲供图,以及30111个字的梵文和藏文。相关史料记载,这些雕刻纷繁复杂,光雕刻一项就花费了3年多的时间,记录"镌刻经文佛像用黄册六本"。这些内容神圣而神秘,很有吸引力,自开放至今,吸引了大批中外学者前往观摩、研究和学习,被第十世班禅大师赞誉为"一座庄严肃穆的地下佛堂"。

四、四个非凡的女人

在陪葬人员的安排上,乾隆帝也是毫不含糊。我们知道,乾隆帝是一个很有情调的帝王,他风流倜傥,文武兼长,不可能只在陵寝的规制上满足自己的一时之需。对于陵墓的陪葬人员,是一定要慎重考虑的。因为这是将来谁能够入葬裕陵、永世陪伴在自己身边的,所以这才是他最需要动脑筋的事情。这件事他要主动,要由自己来安排,无需别人费心。这个精明的皇帝,都安排谁进入裕陵地宫了呢?

1. 最尊敬的女人。就是乾隆帝的孝贤皇后,富察氏,十六岁与弘历成婚。她与乾隆帝感情很好,先后生育了四个孩子,其中两个是皇子。乾隆帝很重视这两个皇子,永琏曾被册封为皇太子,可永琏九岁就死了。之后,乾隆帝又想册立她的另外一个皇子永琮为储君,可是这个孩子年仅两岁也出天花死了。两个皇子的接连死亡,对孝贤皇后打击很大,乾隆十三年,孝贤皇后死于出巡途中。乾隆帝非常悲痛,在孝贤皇后丧满百日的时候,写了一篇《述悲赋》,句句含情,字字珠泪,感人肺腑。其中"痛一旦之永诀,隔阴阳而莫知"之句,让人读之落泪。再比如《悼皇后》中有"早知失子兼亡母,何必当初盼梦熊"(《乾隆御制诗文集》),更是表达了对皇后的殷殷之情。不仅如此,据《清宫述闻》记载,

孝贤皇后朝服画像

孝贤皇后薨后,乾隆帝在孝贤曾经居住过的长春宫建立纪念馆,在那里保存了皇后生前的所有陈设:"凡平日所御奁具、衣物,不令撤去。"并且,每到年节,都在那里张挂孝贤皇后的画像,乾隆帝会经常去凭吊。这种情况延续了几十年,一直到乾隆六十年,乾隆帝退位,新皇帝登基,才告结束。所以,我们看出,孝贤皇后是乾隆帝最尊敬的女人。乾隆十七年,裕陵建成,乾隆帝决定把她先葬入裕陵地宫。

2. 最爱的女人。她是乾隆帝的孝仪皇后魏佳氏。魏佳氏之所以成为乾隆帝最爱的女人,一是年轻,小乾隆帝十六岁。二是温柔,很会讨乾隆帝的欢心,被乾隆帝称为"秉性柔嘉"的女人。魏佳氏与乾隆帝生活和谐,曾经生育了六个子女,为清代后妃生育子女之最。乾隆二十一年,生皇七女;二十二年,生皇十四子永璐;二十三年,生皇九女;二十五年,生皇十五子颙琰,即后来的嘉庆帝;二十七年,生皇十六子;三十一年,生皇十七子永璘。我们从魏佳氏生育的年分看,从二十一年开始,乾隆帝四

十六岁,魏佳氏三十岁,一直到三十一年,乾隆帝五十六岁,魏佳氏四十岁,他们之间保持了 10 年的生育期,也就是在这 10 年里,魏佳氏最为得宠,这在宫中十分难得。所以,魏佳氏在乾隆帝后宫之中,收获也最大,封号由贵人晋为嫔,再晋为妃,再晋为贵妃,再晋为皇贵妃,儿子做皇帝之后,被追封为孝仪皇后。因为这时候,她已经去世多年了,也算是死后哀荣了。

慧贤皇贵妃朝服画像

3. 最动心的女人。这个女人就是乾隆帝的哲悯皇贵妃富察氏,她的父亲翁果图是一个四品佐领。可是,富察氏入宫却没有名分,只是乾隆的一个贴身宫女,类似于《红楼梦》中贾宝玉和袭人那种关系。但是,她并不是一个地位低下的宫女,而是一个服侍皇子起居的贴身侍女。正因为如此,乾隆和富察氏之间很快就擦出了火花,两个人的感情不断升温,这个女人打动了乾隆的心。终于,两个年轻人有了爱情的结晶。《清皇室四谱》记载:"雍正六年,生皇长子安定亲王永璜。"这一年,乾隆十七岁,是这个女人让他第一次做了父亲。再过 3 年,又生育了一个皇女。到这时,是这个女人把乾隆由一个皇子变成了一个男人,他们的感情已经很深了。很可惜,就在乾隆继位的前两个月,富察氏病逝了,年仅二十几岁。乾隆很悲痛,自己最动心的女人就这样死了。乾隆帝思来想去,做出了两个决定:一是追晋她的封号,晋封皇贵妃,已经是最高的封号了;二是将她葬进裕陵地宫,永生永世陪伴在自己的身边。

4. 最漂亮的女人。就是乾隆帝的慧贤皇贵妃,高氏,大学士高斌女。《清皇室四谱》记载,高氏也是乾隆的早年侍妾,但她长相漂亮,鹤立鸡群,很快获得了乾隆的关注,两个人感情迅速升温,成为知己。乾隆帝即位后,于"乾隆二年十二月,册封贵妃",位置在孝贤皇后之下,是后宫的二号人物。她其实并没有生育,之所以被封为贵妃,就是靠的姿色——她长得实在是太漂亮了。所以,到乾隆十年高氏病逝,乾隆帝破格追晋她为皇贵妃,并下旨,将来要把这个最漂亮的女人葬进裕陵地宫之中,永远陪伴在自己身边。

　　这就是乾隆帝地宫中的四个女人,她们不管什么原因,在乾隆帝心目中都占据重要的地位,是乾隆帝魂牵梦绕的几个女人,是别人所无法取代的。有她们陪葬在裕陵地宫里面,围绕在乾隆帝的身边,乾隆帝也该很满足了——这么多知心人、美女陪伴,一点儿也不孤单,这也算是对自己的一种补偿吧。因为这个令他闹心的裕陵,实在使他心绪不宁。

五、盛世皇帝,灵魂难宁

　　令乾隆帝没有想到是,裕陵这个地方,不管自己怎么努力,都无法摆脱心绪不宁的境地。就在他去世之后,裕陵里面又发生了让他意想不到的事情:

　　(一)棺材被大水泡散。

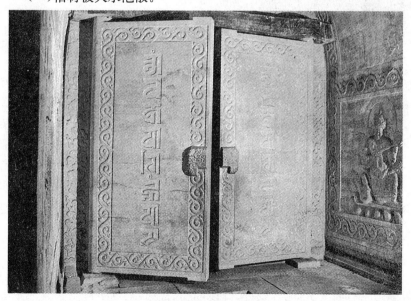

裕陵地宫头道石门背面

　　裕陵地宫渗水是必然的事情,因为这个地方的地势平缓,不利于雨水的下泻,和康熙帝景陵的问题是一样的。早在乾隆十七年,裕陵地宫就出现了第一次渗水,这件事乾隆帝是知道的。虽然当时采取了堵漏措施,之后的几十年没有出现渗水,但这个地宫存在的两个致命弱点(地势低洼和没有设计排水设施),并没有从根本上解决。所以那么聪明的乾隆帝应该知道,地宫迟早会再渗水的,自己和这几个心爱的女人早晚会被淹没在大水之中。但他没想到,渗进的水,会把自己和那些后妃坚固的棺材全部泡散,尸骨漂在水中,狼狈不堪。

1928 年 8 月,裕陵月牙城
琉璃影壁下的盗口

(二)地宫被炸开。

　　炸药源于我国,至迟在唐代,我国已发明火药,这是世界上最早的炸药。宋代,黑色炸药已被用于战争。所以,乾隆帝应该知道有炸药这件事。但乾隆帝恐怕永远也不会想到,自己的陵寝有一天会和炸药联系在一起,更不会想到自己和后妃的尸体会毁在炸药上。《东陵盗案汇编·宝熙日记》记载,1928 年 7 月,军阀孙殿英用 7 昼夜的时间,盗掘了慈禧墓和乾隆裕陵。在裕陵,孙殿英使用了炸药,"裕陵地宫第四道石门右一扇为盗者炸伤,仆于地"。不仅乾隆帝没有想到,谁都不会想到,军阀会如此野蛮,用炸药来盗陵,乃闻所未闻的事情。在炸药面前,皇陵再也不是固若金汤,炸药炸开了裕陵地宫,震惊了全世界。

　　(三)尸骨被扔出地宫。

　　匪兵用炸药炸开裕陵地宫,无非为了一个目的,那就是盗走珍宝。乾隆帝太有名气了,他有钱,又奢侈,好大喜功,地宫中肯定会有大量珍宝。所以,地宫一旦被打开,掠夺珍宝就会非常疯狂。可是,当他们炸开地宫之后，遇到了两大难题：一是很深的积水，最深处要达到两米，于是，他们"筐取灰泥，就河滤之"（《东陵盗案汇编》），只能在积水中用筐捞宝了；二是地宫中一片漆黑，没有光线。这样，他们只好把土筐拿到地宫外，当然是取走珍宝，至于尸骨，就随手扔掉了。《东陵盗案汇编》中透露，乾隆帝后的尸骨被扔得到处都是，明楼边、方城上、墓道里到处都有。可怜的乾隆帝、后，生前养尊处优，死后居然被扬尸棺外。这也难怪死去的乾隆帝还在发威，"两眼仅存深眶，眶向内转作螺旋纹，执灯遥观，似有白光自眶中出"。看来，乾隆帝是气坏了，愤怒了，两眼居然还能放射出愤怒的光芒。

（四）重新安葬遇到了难题。

这些可恶的兵匪，如此野蛮地对待乾隆帝、后，造成裕陵事后的重新殓葬工作极为艰难。盗案发生 40 多天后，逊清皇室派出了遗老遗少们前来重殓乾隆帝、后尸骨。工作过程中，逊清皇室遇到了两个难题：一是很深的积水。地宫中的积水这么多，使得他们无法操作，必须先排除积水。于是，他们找来大抽水机，昼夜不停地抽取地宫中的积水，足足用了四天四夜的时间，才将地宫中的积水抽干净。二是尸骨难辨。地宫中这么多人，尸骨堆积在一起，如何分辨呢？《东陵盗案汇编》记载，为了殓葬这些帝、后、妃尸骨，逊清皇室人员不

1928 年 8 月，重新封闭裕陵月牙城被盗陵寝入口

得已请来了人体鉴别专家。可是，即使如此，由于地宫中人数众多，也很难分辨。尤其是后、妃之间，一堆尸骨堆放在那里，不知道谁是谁，只有乾隆帝一个男性，还好办。可是，如果分辨不清后妃的身份，就很难分棺成殓。于是，经过大家反复讨论，做出了这样的决定："既然奉安在同一地宫，就等于同穴；既同穴，何不可以同棺？"就是合棺而葬。这样，乾隆

帝与孝贤皇后、慧贤皇贵妃、哲悯皇贵妃和淑嘉皇贵妃五个人都被葬在了乾隆的棺材之中,这等于给那四位后妃提格了,全部以皇帝之礼入葬。需要指出的是,这里还有一位皇后,即孝仪皇后,她的尸体居然在死亡153年之后,"皮骨俱存,丝毫未腐,笑容圆相,有如古佛",真是一个奇迹。

这就是乾隆帝的裕陵。这个让他纠结的灵魂不宁的裕陵:选址的时候,因为不知所措而心绪不宁;建筑的时候,因为屡有突破而心绪不宁;死去之后,因为盗案发生而灵魂不宁。看来,裕陵这个"万年吉地"还真让乾隆帝彻底心绪不宁了。

乾隆帝去世之后,他的儿子嘉庆帝继位,嘉庆帝处处喜欢学习他的父皇——那是他的榜样。那么,嘉庆帝的昌陵又将发生哪些有趣的故事呢?下一讲再详细介绍。

多事之秋的昌陵

这一讲我们介绍嘉庆帝的昌陵。嘉庆帝，乾隆帝的第十五子，名爱新觉罗·颙琰。生母是乾隆帝最宠爱的孝仪皇后，也就是电视剧《还珠格格》中的那位令妃。嘉庆帝去世后，他儿子道光帝给他上谥号为仁宗睿皇帝。"睿"就是聪明和睿智的意思，就连嘉庆帝自己也自以为如此。《清仁宗实录》记载，嘉庆四年，太上皇帝乾隆帝去世后，嘉庆帝以迅雷不

昌陵三路三孔石拱桥

及掩耳之势，除掉了贪污之王、大老虎和珅，抄没了和珅的家产。他以为，处置了和珅，就等于拯救了整个官场，就可以高枕无忧了，"不肯别有株连，惟在儆戒将来，不复追究既往"。但事实证明嘉庆帝错了，他想得太简单了，杀了一个大和珅，还会有千万个小和珅。因为他没有从制度上解决这个问题，因而，在嘉庆帝在位的 25 年中，并没有多大的作为，反

而使清朝进入了多事之秋。

一、嘉庆帝的窘迫和羞愧

　　说到昌陵，给人最深的一个感觉就是多事之秋。可以这样说，围绕着昌陵发生的那些事情，无不让嘉庆帝感到窘迫、揪心，甚至于羞愧。究竟发生了什么事情，会让一个堂堂大清皇帝有这种感受呢？我们先介绍一下围绕着昌陵发生的两件尴尬事。

　　一是选择风水遭遇尴尬事。

　　昌陵的修建，开头就不好，就让嘉庆帝感觉不舒服。说来也真是让嘉庆帝心里不平衡，嘉庆帝自己的万年吉地也就是风水宝地，不是自己选择的，而是他的父皇乾隆帝给安排的。本来，嘉庆帝心里就不是很舒服：乾隆帝在乾隆六十年，践行了自己的诺言，把皇位禅让给了儿子，这本来是一件好事啊，可乾隆帝并没有真正放权，是交班不交权，朝政大权还是操纵在他这个太上皇手里，而新皇嘉庆帝，那不过是摆摆样子的傀儡而已。太上皇哭，他就跟着哭；太上皇笑，他也得跟着笑。

昌陵三座门

朝政大权把持在父皇手里也就算了，像选择万年吉地这样的事情，是应该嘉庆帝自己当家做主的。乾隆帝自己曾经说过："向例，皇帝登基后即应选择万年吉地。"皇帝亲自给自己选择万年吉地这一点他最明白了，这种事都是皇帝自己当家做主的，别人不好插手。嘉庆虽然是一个傀儡皇帝，但人家毕竟已经是成年的皇帝，这一年，嘉庆帝已经三十七岁了，给自己选择万年吉地，还用得着父皇在那里指手划脚吗？

然而，在选择风水宝地这个问题上，乾隆帝确实干了越俎代庖的事情。《清仁宗实录》记载，嘉庆帝曾非常沮丧地说过："此吉地乃皇考赐朕之地。"这是嘉庆帝挂在嘴边的一句话。虽然心里不舒服，嘉庆帝也没敢违背父皇的这种安排。因为这是乾隆帝制定的家法，也就是所谓的"昭穆之制"，就是父子分葬制度。

但是清朝的皇帝并没有谁真正遵守乾隆帝的这个"昭穆之制"。嘉庆帝之后，道光帝即位，就第一个破坏了这个制度，东拆西建，本来应该在东陵建陵，却找了个借口，在西陵修建了慕陵。咸丰帝虽然最终把陵寝建在了东陵，可是，最初也曾经在西陵之内选择过万年吉地。咸丰之后，同治帝即位，胆大妄为的慈禧太后就公然破坏了大清家法，把同治帝的陵墓建在了自己陵寝旁边。这样看来，有谁愿意遵守所谓的制度呢？尤其是那些乾纲独断的皇帝，往往会带头破坏。这也就难怪嘉庆帝带有不满的情绪了。

二是采集物料遭遇尴尬事。

接下来，又发生了一件让嘉庆帝非常尴尬的事情，就是物料不足。

皇陵建筑，最关键的就是采集物料，砖瓦木石，都要采集，要选择最好的物料建筑皇陵。而物料之中，最难采集的就是木料，因为皇陵需要大件木料。而木料之中，最难采集的就是金丝楠木。

要说建陵这样的事情，那可是国家的头号工程，国家一定会全力以赴干这件事情，怎么会出现物料不足呢？

原来，按照计划，昌陵所用的木料，大件部分比如三大殿的梁枋架木等都是金丝楠木。之所以使用金丝楠木，主要是这种木料木性稳定，彰显高贵。明朝时期，皇家修建的陵寝、庙宇等，大件木料都是金丝楠木。正是这个原因，明亡清兴后，清朝的皇帝建陵时，也喜欢使用金丝楠木作为大件木料。可是，金丝楠木成材缓慢，生长期长，那些大件金丝楠木，成材至少也要在百年以上。经过明清皇帝的长期采伐,金丝楠木已经很匮乏了。而且,这种木料大都生长在川、广、云、贵的深山密林之中,采伐和运输都极为艰难,当时就有一种说法"进去一千,出来五百",也就是说,一千人进去采伐木料,只有五百人能活着出来。

木料短缺的事很快有了反馈结果,金丝楠木不够。怎么办呢?有人给嘉庆帝出主意说,皇上,这事好办,按照老祖宗的成例办就行了。嘉庆帝一听有成例,很高兴。可是,当他明白过来的时候,又失望了。

昌陵的建筑

原来,大臣建议他采用"拆东墙补西墙"的办法,就是拆掉北京城的庙宇,用那些楠木料建陵。嘉庆帝想起来了,他的老祖宗确实做过这样的事情。当年修建顺治帝的孝陵时,由于金丝楠木极度缺乏,就是拆毁了北京城内明朝嘉靖皇帝进香的两座建筑——清馥殿和锦芳亭,把那些金丝楠木构件用来修建了孝陵。所以,大臣建议,故伎重演,拆掉北京城内的庙宇,那些金丝楠木构件总够建陵用了。

嘉庆帝此时心里犯了嘀咕,如果拆一两座建筑,就能解决问题还好办,问题是要拆毁所有的北京庙宇,来满足自己建陵,那样岂不是要得罪众神灵吗?那自己可要成为千古罪人了。再者,嘉庆帝对建筑工艺也很清楚,不管什么物料,金丝楠木也好,松柏木也好,都要用油饰彩画覆盖,有什么意义呢?史料记载,嘉庆帝下旨给承办大臣说:"向来,吉地殿宇俱系油饰彩画,木质不露于外,即易以松木,未尝不可。"嘉庆帝说完这些话,自己都觉得很轻松。大家知道,松木和金丝楠木不可同日而语。嘉庆帝在这个问题上肯做出让步,主动调整木料,使用比较廉价的松木作为建筑材料,看出来他还是很务实的,是非常明智的做法。

二、营建陵寝的贪污大案

发生了这样两件非常尴尬的事情,不管怎么样,嘉庆帝还是可以忍受。可是接下来发生的事情,就让极有涵养的嘉庆帝怒不可遏了。在昌陵营建的过程中,居然发生了谁都想不到的大案子。

这个案子让嘉庆帝最为痛心疾首,因为居然有人胆敢在当朝皇帝的陵寝工程中贪污银两,这无异于在太岁头上动土,令人发指。究竟是谁这么大胆子,胆敢贪污皇帝造陵墓的银子呢? 大家可能会异口同声地

昌陵建筑群

说:那一定是和珅。因为他位高权重,连嘉庆帝也要怕他三分。而且,最关键的是,和珅曾经参与了嘉庆帝昌陵的相关工程。但这个贪污犯确实又不是和珅,因为到昌陵兴工建设的时候,和珅已经被嘉庆帝清除掉了。不是和珅,这个胆大妄为的人会是谁呢?

这个大贪污犯不是别人,竟然是嘉庆帝的至亲大舅子盛住。所

以，这件贪污大案，对嘉庆帝打击很大，因为万万没有想到竟会是他。

要说这个盛住，嘉庆帝待他确实不薄。看在孝淑皇后的面子上，《清仁宗实录》记载，嘉庆帝给他加官晋爵，由侯爵晋升为公爵："晋封孝淑皇后兄一等侯盛住三等公。"还令他管过很多实惠的部门，比如内务府、工部、户部。高官厚禄，可以说是给足了面子，应该知足好好报答皇上了。但让嘉庆帝极为失望的是，这个大舅子太不成器了，竟然是一个贪婪成性、怙恶不悛的惯犯。

盛住这人贪财。早在嘉庆五年，他管内务府的时候，就把宫里面的玉器珍玩倒腾出来，变卖银两，贪为己有。被人告发后，嘉庆帝觉得非常没有面子，就处置了盛住，免去了他的京官差使，委任他为西陵总管内务府大臣，专门操持自己的万年吉地工程。嘉庆帝也是一片好意，觉得盛住总该吸收教训、实心效力，为自己干点儿实事、挽回之前的面子了吧。可是，令嘉庆帝没有想到是，盛住这一去，竟然走上了不归路，居然犯下了弥天大罪，多次侵贪陵寝工程款。

在陵寝禁地内开采石料，中饱私囊。在陵寝的后山，有青、红、白三种颜色的标记桩，材质或木头或石头，质地虽然不同，但作用是一样的，那就是在上面写着"皇家风水禁地，严禁入内"，任何人在风水界桩之内

嘉庆帝汉装行乐图

都不允许挖沙、取石、打猎、采集果子等等。这种规矩，连周围的老百姓都明白，看到这些标记，就要止步不前了，否则被巡山兵丁发现，可要重惩不贷。但是，盛住不管那一套，他居然命人在风水禁地之内开塘取石，中饱私囊，真是胆大妄为。这件事情被人告发，嘉庆帝极为震惊，心想这家伙不要命了吗？怎么什么事情都干得出来呢？按照律例，本应该处斩。但嘉庆帝还是顾念孝淑皇后的亲情，把盛住流放到了乌鲁木齐，没有杀他。嘉庆十年，盛住死在了流放地。

盛住一死，嘉庆帝还觉得对不住这位大舅子，毕竟是死在了外地。于是，嘉庆帝还给了盛住一定的恤典，表达自己的怜悯之情、眷眷亲情。可是，到嘉庆十三年，事情发生了逆转。嘉庆帝接到举报说，盛住在西陵期间，有重大贪污行为，而且数额特别巨大，达到白银 9 万两之多。

这真让嘉庆帝震惊了，他难以相信是真的。难道自己还对不起他吗？难道他真的敢贪污万年吉地的银两吗？可是，事实俱在，证据确凿。嘉庆帝除了惊讶，还能怎么样呢？事情千真万确，盛住指使属下双福和鹤龄，贪污了 9 万两工程白银，并且还有记录的账簿。嘉庆帝真是怒火中烧，整个昌陵工程也不过 200 万两白银，他自己就贪污了 9 万两之多，真是岂有此理！嘉庆帝立即采取了断然措施：

第一，下旨训斥。《清仁宗实录》记载，盛住已在三年前就去世了，嘉庆帝能怎么办呢？只有一个办法，那就是训斥："设使其身尚在，朕必亲为廷讯，加以刑夹板责，立正刑诛。"意思是，盛住如果活着的话，一定要先夹手指头，给他夹断，然后再打板子，打得他皮开肉绽，最后再斩首示众。看来嘉庆帝真是气坏了。

第二，杀掉双福和鹤龄。这两个人是盛住贪污案的经手人，虽有替罪羊的嫌疑，但嘉庆帝对这两个人并没有手软，先刑夹，夹断手指；再打板子，打得皮开肉绽，然后处斩，两人受尽了折磨。

第三，处置盛住的家人。在处置双福和鹤龄的时候，嘉庆帝命将盛住的三个儿子达林、庆林、丰林，和他的两个孙子崇喜、崇恩押赴刑场，跪在那里观看双福和鹤龄行刑的全过程。之后，这些盛住的家人被发配到黑龙江和吉林效力赎罪。

大家看一看，嘉庆帝最痛恨的就是贪污，没想到自己的陵寝工程竟然摊上了这事，真让他很伤心。

三、皇帝的陵寝竟然也有豆腐渣工程

提到豆腐渣工程，我们都会觉得在民间还可以，大臣为皇帝建陵，那

昌陵石像生与牌楼

可是非常严肃的一件事情。无论用料、工艺等，都该是货真价实，尽善尽美，工序极为严密，怎么会出现豆腐渣工程呢？

可是，事情就让嘉庆帝遇到了。他不断接到举报，说昌陵的工程质量有问题，而且越来越明显，豆腐渣工程名实相副。

一是石像生拼凑。有人举报，万年吉地石像生有拼凑之嫌。嘉庆帝命人赶紧前往查验，结果发现石像生武士的头盔簪缨为拼接；石狮子脖子上的小铃铛为拼接；大象牙尖为拼接。史料记载，嘉庆帝对此极为重视，命令查办大臣调查清楚，据实上奏，并做出了处理意见："将该监督交部严加议处；著原办之监督商人，如式各半赔修；其该年管工及事后未能查出之各大臣，并著查取职名，交部严加议处。"简单说，就是赔银补救，

昌陵隆恩殿、东配殿、明楼

并查办承修大臣。

二是渗漏。嘉庆帝不断接到举报,说万年吉地的各个建筑,不断出现渗漏问题。这问题很严重,因为,一旦建筑出现渗漏,就说明工程做法有问题,比如建筑的角度不对,对接不严密等等。另外,一旦出现雨水渗漏,建筑物就不坚固了。更让嘉庆帝难以接受的是,这种渗漏不是个别现象,而是大多建筑都不同程度存在着,比如神厨库、宫门、配殿、大殿、明楼等等。可以这样说,几乎所有的建筑都存在渗漏现象。这让嘉庆帝感到非常震惊,这是他万万没有想到的事情。

三是糟朽。就是建筑物的木料出现糟朽。嘉庆帝在接到举报的同时,还接到了物证——一个封固的盒子。嘉庆帝打开盒子,看到的是一块碎木头。当他明白这就是万年吉地东配殿檐子角掉下的碎木的时候,他又一次惊呆了。嘉庆帝不敢相信,刚刚竣工5年的皇陵,居然会如此破败。对此《清仁宗实录》有记载,说:“檩木并有糟朽、脱落。”他还接到报告说,万年吉地的建筑,已有多处出现油漆、彩画脱落。这是必然的,木料都糟朽了,那些附着在上面的油饰彩画肯定会有脱落。

嘉庆帝无语了,他简直难以相信,刚刚竣工5年的万年吉地,竟然如此糟糕。自己的万年吉地原来是一个地地道道的豆腐渣工程,这让非常自负又很自信的嘉庆帝简直难以接受。

四、修了 10 年的大碑楼

让嘉庆帝意想不到的事情又发生了。那就是在他去世之后,他精心选择的最信任的接班人道光帝，居然冷落了他，糊弄了他。嘉庆帝怎么也不会想到，在他去世后，他的儿子道光帝干了一件对不起他的事情，那就是拖延或推迟大碑楼工程。

大碑楼是俗称，学名叫圣德神功碑楼，里面有两通赑屃驮石碑，就是俗称的王八驮石碑。这两通石碑，一个刻满文，一个刻汉文。碑文的内容是嘉庆帝一生的"丰功伟绩"。对于嘉庆帝，这个石碑很重要，关乎他一生的名节。《清宣宗实录》记载，道光帝一继位，就立即表态："今昌陵大礼告成，应恭建圣德神功碑。"并在嘉庆帝入葬昌陵地宫后一个月，开始操持大碑楼工程，表明自己会尽快修建大碑楼，使父皇功德昭于世人。

昌陵圣德神功碑

可是，道光帝是说得快做得慢，从道光元年开始操持，一直到道光十一年工程才告结束。谁也没有想到，以国家之力，修建一座建筑，竟然花掉了 10 年的时间，而其他皇帝在修建大碑楼的时候，一般用两三年，最多不会超过 4 年的时间，而道光帝建大碑楼，竟然用 10 年的时间，这究竟是什么原因呢？

第一，采料艰难。大碑楼工程，和昌陵开始修建时一样，需要大量楠木。所以，采伐楠木、柏木是当务之急。道光帝向湖南、湖北等有关省份下达任务。可是，面临两大难题：一是成材慢，容易采伐的地方，已经没有了，而大件木料在深山密林之中。二是运输困难。运输这种木材，在那个年代，只有使用水路，一般来讲，要沿着长江顺江而下，再沿着运河北上。到达北京后，要运到西陵，仍然很艰难。所以，辗转需要很长时间。

昌陵大碑楼

第二，工程繁琐。大碑楼工程分三步走。先修建碑楼，大碑楼工程中，修建高达 30 多米、重檐歇山顶、四面开窗的碑楼，已经是很艰难了。但这只是工程量的三分之一。接着，做石碑，也分几步走。先要做好两通大石碑，要把重达 30 多吨的大石碑竖立起来谈何容易，那要使用古代一种叫做天秤的技术，才可以完成。然后，在上面刻碑文。这些碑文要道光帝亲自撰写，以示对父皇嘉庆帝的尊崇。道光帝绞尽脑汁，极力回想父皇的丰功伟绩，写成了 2597 字的汉字碑文，再把汉文翻译成满文。然后是找书法家书写碑文，这个书法家要找两个，一个书写汉文，一个书写满文。写完后，再将碑文呈给道光帝阅示，看看有没有问题。一切准备好以后，再把碑文隆重送到陵寝，在那里再组织专业人员，敬谨镌刻。

这一切完成，工程并没有结束，还有四角巨大的华表需要建筑。华表做完后，大碑楼周围大面积的海墁需要开槽、打桩，一层层垒砌，工程浩大而漫长。

尽管如此，倾全国之力建筑大碑楼，一般也就需要三四年的时间就完成了。别人的大碑楼都是这样的，可道光帝居然用了 10 年的时间。这么长的时间，不能使嘉庆帝的功德碑竖起来，道光帝要拿出充足的理由，不然是难以让人信服的。道光帝无话可说，因为他

昌陵建筑群

违背了自己的诺言,愧对自己的父皇。究竟发生了什么事情,使他这么做呢?

原来是道光帝因忙自己的事情,有意拖延了父皇的大碑楼工程。

就在大碑楼工程开始的时候,道光帝就开始忙碌一件十分重要的事情,那就是在东陵界内选择万年吉地,修建陵寝。也就是说,这个时候的道光帝正在忙于他自己在东陵的万年吉地工程,即宝华峪陵寝。这项工程非常浩大,花费掉了道光帝大部分精力。可想而知,营建一座大碑楼尚且很费力,再加上宝华峪陵寝的工程,道光帝岂不是力不从心了吗?道光帝要怎么办? 他动了小心思,不管三七二十一,先干完自己的事再说。到道光七年,自己的宝华峪陵寝工程就已经结束了,连同宝华裕妃园寝、公主园寝、神厨库等重大工程全部结束。这个时候,他才想起了父皇嘉庆帝的大碑楼工程。这当然就要耽搁时间了,如果嘉庆帝泉下有知,会怎么想呢?

五、庄严肃穆的地下佛堂

昌陵工程虽被称为是豆腐渣工程,那也只是相对而言,是相对其他的帝陵而言。我们经过实地考察,并查阅档案资料发现,嘉庆帝的昌陵还是非常有特点甚至令人拍案叫绝的建筑精品。

昌陵宝顶

最关键的一点，是设计精深。这种设计理念，不是设计师的，而是嘉庆帝的思想。嘉庆帝还真开动了脑筋，发挥了自己的大智慧。嘉庆帝在建陵上，是很有想法的，他想把陵寝修建得豪华一些、体面一些。可他又很担心，如果超越了旁边的雍正帝泰陵，人们会说他是个不肖子孙，那还了得！于是，他左思右想，有了主意。

史料记载，嘉庆五年九月初二日，嘉庆帝向承修大臣下旨："外式照泰陵，内式照裕陵修建。"大臣们接到谕旨，反复琢磨，终于明白了，暗暗翘大拇指——皇上实在是太聪明了。

嘉庆帝这道谕旨什么意思呢？意思就是地面建筑，大家看得见的，都按照旁边雍正帝泰陵的样子修建，这没有问题，别人说不出什么来的。从碑亭、石像生，到三大殿、方城明楼，这些地面上看得见的建筑，都按照泰陵的修建。

那么，大家看不到的"内式"，也就是地宫则按照乾隆帝裕陵的样子修建。这可不得了，裕陵的地宫是清帝陵中最豪华的，里面到处布满了雕刻。有梵文和藏文 30111 个字，此外，还有五欲供、五方佛、八大菩萨、八宝、三十五佛等等大量佛教内容，被后人称之为"一座庄严肃穆的地下佛堂"。

嘉庆帝这么做，想要模仿父皇的裕陵，做地宫的雕刻内容，那要花掉大量银两。可是，由于工程在地下，一般人是看不到的，有谁能够进入到皇帝地宫里面呢？再说，嘉庆帝去世后，地宫石门关上，砌死墓道，就永世不为外人所知。所以，嘉庆帝地宫的这种做法，虽然非常超越，但并不会引起人们的注意，这还真体现了嘉庆帝的小聪明。

可是有一点，裕陵地宫的雕刻，那可是既费时又费银子的。史料记

裕陵地宫石门月光石佛像

载："裕陵写画金券各样及镌刻工作三年有奇，始行完竣。"嘉庆帝可不允许昌陵也那样，不然的话，工程旷日持久，人们会说闲话的。于是，嘉庆帝下令，必须缩短工期，但质量不能差。所以，昌陵地宫在施工中，走了捷径：第一，快速画图。要说昌陵地宫的雕刻，那是颇费了一番周折的。当时，嘉庆帝派遣了才华横溢的宗室绵亿前往乾隆帝裕陵地宫临摹。这个绵亿是永琪的双胞胎儿子，承袭荣郡王，他是个大才子，书、画俱佳。绵亿办事效率很高，他立即前往裕陵地宫临摹画图，又调集了存放在东陵石门工部的裕陵地宫烫样和雕刻图纸。很快，裕陵地宫的大致图案就出来了。第二，嘉庆帝亲自出面协调。绵亿虽然积极努力，但由于时间长了，那些烫样都有破损，图纸模糊不清，有的甚至不能辨认了。绵亿就

想用隆福寺的喇嘛来帮助辨认弥补。可是,让人很失望,这些喇嘛也不认识这些文字,或是认不全这些文字。可见,裕陵地宫文字内容的深奥程度。怎么办呢?绵亿立即上报给嘉庆帝,嘉庆帝很赞赏绵亿,夸他责任心强。这次嘉庆帝亲自出马,谕令管理京城喇嘛掌印处,协助绵亿办理裕陵地宫文字的辨认事宜。掌印处急忙承办,结果很快就都认出来了。

这样,至嘉庆五年十二月,昌陵地宫雕刻图案工程结束,虽然内容和裕陵一样,但同样的雕刻,裕陵用了 3 年的时间,而昌陵则只用了 1 年的时间,工程就顺利结束了,效率比之前提高了两倍。

昌陵的另外一个亮点,就是隆恩殿地面铺墁花斑石。这种花斑石产于河南,非常漂亮。每块花斑石呈现出正方形,边长 62 厘米。这些花斑石全部磨光烫蜡,就好像我们今天的大理石地面一样,有好多有趣的图案,有的像竹笋,有的像芙蓉,有的像绒球,千姿百态,每当夕阳西斜的时候,光线射进来,落在花斑石地面上,就好像有千百只蝴蝶翩翩起舞一样,非常好看。

昌陵隆恩殿内花斑石

这就是嘉庆帝的昌陵。通过这座陵寝,我们看出,"赋性鲁钝"的嘉庆帝在修建自己的陵寝上,却非常精明。从设计到施工,从选料到建筑,无不备加关注,精心设计,毫不含糊。可是,嘉庆帝的昌陵可以用多事之秋来形容,这是由嘉庆帝的一个错误认识造成的。嘉庆帝认为,只要惩治了和珅,官场就会一片肃然,就会风清气正。他没有认识到,由于没有制定出强有力的制度作为澄清吏治的保障,本来就已经走向下坡路的清朝,人浮于事,贪污侵冒,官场更加腐败不堪,因而昌陵在修建过程中,发生了很多大案要案,包括让嘉庆帝深恶痛绝的贪污大案。所以,嘉庆帝也只有在愤怒之余,无可奈何;他的陵寝质量也只有在无可奈何之中,降低标准。不然,"赋性鲁钝"的嘉庆帝还能有什么好办法吗? 这一讲就讲到这里。

第九讲

充满矛盾的慕陵

这一讲给大家介绍道光帝的慕陵。道光帝,名爱新觉罗·旻宁。嘉庆帝第二子,母亲是孝淑睿皇后喜塔腊氏。

一、言行不一的皇帝

　　道光帝在位 30 年,大家对他的认识,可能会和"节俭"这两个字紧密相连。因为文艺作品也好,史料也好,对道光帝的节俭都有一定的记载或演绎。

慕陵全景

　　道光帝即位之初，道光元年正月初八日，就向天下颁布了《声色货利论》，阐述了自己的治国理念，其中，对自己的节俭观点做了全面而又深刻的诠释。道光帝在这篇施政纲领中，从声色、货利两个方面，引经据典，论证了其中的害处，大力提倡节俭。强调要各惜民脂民膏，对那些"多方献谀取巧，逢迎主意"者，要大加挞伐。《声色货利论》可以说是道光帝上台后的一份政治宣言，以此向天下宣布了自己的执政纲领，并且声称要永远遵守，不会抛弃这个执政理念。

　　道光帝为了加大执行力度，首先从皇家开始进行治理。《道光朝东华续录》记载，他力戒宫廷浮华，规定："嗣后，皇子皇孙一经指婚，其福晋父家置备妆奁，不得以奢华相向，一概务从节俭。"民间还传出了道光帝很多关于节俭的趣事。如道光帝穿补丁裤子，皇后生日只给准备了猪肉打卤面等等。

道光《情殷鉴古》图

　　可是，我们研究道光帝建陵历史的时候，却对道光帝的这个宣言产生了怀疑——他是说一套，做一套，充满了自我矛盾。

　　一般来讲，一个皇帝只建一座陵寝。因为建筑陵寝有两大难题：一是风水难题。皇帝建陵必然要选择至善至美的风水宝地，这是没有疑问的。只要有条件，他们都会选择在风水绝佳的地方建陵。二是费用难题。建陵对封建国家来说，那是天字第一号工程。你想，能有什么工程比这个更重要呢？清朝皇帝奉行"事死如事生"的理念，对待陵寝大事从不含糊，不惜花费银两。所以，皇帝每建一座陵寝，都会花费朝廷大量银两，有时甚至会感觉力不从心，不得不停工，等待时机，再行建设。

可是，我们查阅档案的时候却发现，这个以节俭著称的道光帝，竟然三次为自己建陵，耗银似水，丝毫没有节俭的意思。难道道光帝忘记自己的执政理念了吗？还是另有隐情？

二、昙花一现王佐村

王佐村在北京西南，是一处风景优美的宝地。这座陵寝的修建年代，并不是在道光继位之后，而是嘉庆年间。因为王佐村陵寝的墓主人是道光帝的嫡福晋、后来被追封为孝穆成皇后的钮祜禄氏。钮祜禄氏，嘉庆元年被指婚，与只有十五岁的还是皇子的道光结婚。本来，道光是嫡子，皇后所生，将来很有希望继承皇位，钮祜禄氏很幸福地等待这一天的早日到来。可是，天有不测风云，嘉庆十三年正月，钮祜禄氏突然病逝，这让人们大感意外。最关键的是，钮祜禄氏尽管处在道光嫡妃的身份上，却没有生育出一儿半女。嘉庆帝会怎么想呢？丈夫道光会怎么想呢？

让人大感意外的是，当时嘉庆帝并没有冷落这个儿媳妇，而是为她做了两件大事：一是破例给这个女人使用了金黄色。我们知道，在那个年代，黄色是不准任意使用的。《清列朝后妃传稿》记载，嘉庆帝却特别下达旨意，"座罩用金黄色，等威区别，垂为令典"。嘉庆帝的这个谕旨，大出人们意料之外。这似乎在预示着什么。二是破例为钮祜禄氏建园寝。这真是奇怪了，一般像这种事情，都是先暂安在某一地方，等皇子病逝，再赐地修建园寝。而

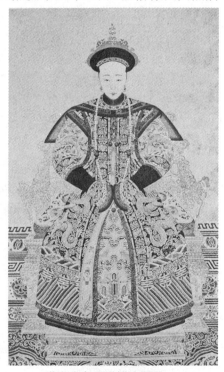

道光为皇子时的嫡福晋，
后追封"孝穆成皇后"

钮祜禄氏这个儿媳妇何德何能,既没有生儿育女,也没有显著的成就,嘉庆帝却为她精心选择风水宝地,并精心设计了陵寝的规制。

但嘉庆帝绝不会无缘无故这么做的。我们分析一下,最重要的原因是早在嘉庆四年,嘉庆帝已经秘密立储,立道光为储君。这样的话,一旦天子驾崩,道光继位,这个钮祜禄氏那就是中宫皇后了。所以,嘉庆帝想到这里,便难掩心中的情绪,为这个儿媳妇修建了王佐村陵寝。但是,我们知道,嘉庆帝不愧是一个"赋性鲁钝"之人——你又是给她用黄色,又是给她建陵,别人不会怀疑你的初衷吗?那样的话,人们就会猜测出你秘密册立的储君是谁,那秘密立储还有什么意义呢?

王佐村园寝的修建,从嘉庆十五年到嘉庆十六年,历时两年的时间,修建得可谓得体,都有碑亭这样的建筑了,可谓应有尽有。建成陵寝后,钮祜禄氏得以入土为安。这本来是嘉庆帝的权宜之计,这一点儿嘉庆帝自己是清楚的。因为,将来道光继位,成为真正的天子,就一定会废掉王佐村陵寝。可是,道光帝却认真了,他不认为这是什么权宜之计,认为这是父皇赐给自己的风水宝地。于是,道光帝继位后,派出了戴均元、英和等朝廷重臣,前往王佐村勘察。道光帝要做什么呢?他给这些人一个任务,就是把王佐村园寝变成自己的陵寝。戴均元等人来到王佐村,马上开展了辛苦的工作。他们勘察、测绘,又查阅史料,查阅典籍,最终得出了一个结论,认为这个地方不能成为皇上的陵寝。但是,光说不行、不算数,得向皇上禀报原因,到底什么地方不行,必须说清楚。要知道,这种事情必须谨慎,如果说错了,搞不好要掉脑袋的。戴均元等人可不敢掉以轻心,他们经过仔细思索,最终找到了两点最关键的理由,说明为什么王佐村不能成为皇上的陵寝:一是工程艰难。戴均元等指出,要将王佐村园寝改建为皇上的陵寝,需要大量拆迁。我们今天搞工程建设,最难的就是拆迁,那个时候的难点也是拆迁。当时修建园寝的时候,规模不大,不可能像皇帝陵那样气势恢宏。所以要拆迁大量的民间建筑,包括村庄、坟茔、庙宇等等。有些建筑要是拆除的话,还犯忌讳,比如拆除庙宇。他们统计了一下,需要拆除的村庄就达到20多处,坟墓有40多座,这是多么犯忌讳而又艰难的事情啊。二是严重违背祖制。关于陵寝的修建,早在乾隆年间,乾隆帝就已经立下了规矩。据《清高宗实录》记载,乾隆帝告诫他的儿孙们:以后的皇帝选择陵墓风水,只可以在遵化和易州两处选择，不可以到别处去。这一祖制，不仅戴均元清楚，道光帝也是很清楚的。所以，戴均元整理了一下思路，给道光帝上了折子，陈述了自己的观点，又把乾隆帝早年的圣谕搬出来，劝道光帝改变初衷，不要在王佐村修建陵寝。道光帝接到戴均元的奏章，叫苦不迭，非常犹疑，心里说这要是别人还好说，你戴均元拿出了皇爷爷乾隆帝早年的谕旨，自己实在不敢违背。要知道，乾隆帝对于道光帝来说，那就是老祖宗中的老祖宗，因为乾隆帝对道光有知遇之恩。还在道光十岁的时候，乾隆帝就带着他到避暑山庄打猎，还大加赞赏他的射箭技术，这对旻宁以后被秘密立为皇太子，有很大的帮助。所以，道光帝一看戴均元拿出了乾隆帝的圣谕，便叫苦不迭。《清宣宗实录》记载，就在这种情况下，道光帝不得不很沮丧地下达命令："朕自应恪遵成宪，于东陵界内选择万年吉地。"同时，下达了停止王佐村工程的命令。这个工程就这样昙花一现，实际上并未实施。

三、劳民伤财宝华峪

宝华峪在东陵界内，道光帝在这里建陵，那实在是为难他了。依着道光帝的心思，他开始想在王佐村就地扩建，把它改建为皇帝陵。怎奈有祖制在，目的没有实现。怎么办呢？道光帝没有丝毫的办法，很不情愿地来到东陵。

来到东陵后，道光帝命令戴均元等带领风水术士，在东陵界内选择好风水。据《道光朝东华续录》记载，道光帝在这些人临行前，嘱咐了一番，说了一句非常经典的话，作为选择风水宝地的标准：说如果没有好风水，宁可不去建陵。戴均元等人听了这话，压力实在是太大了。于是，这帮人非常卖力气，踏遍了东陵界内的山山水水，最终找到了一处风水宝地——绕斗峪，报给了道光帝。

道光帝看到奏折，也没什么表情。他正不情愿呢，看到绕斗峪这个名字，就更感别扭了。心想，这个名字，一听就没档次，没文化。道光帝大笔一挥，改"绕斗峪"为"宝华峪"。看看，这宝华峪多有文化、有档次！

然后，就是紧锣密鼓地施工。宝华峪吉地工程持续了6年的时间，

道光御用"江山万代"常服

到道光七年，工程结束。前面介绍过，为了建筑自己的陵寝，还把父皇嘉庆帝大碑楼的工程给耽搁了。

要说这次建陵，开始的时候，真的很勉强、不情愿。可是，道光帝很快调整了心态，既来之则安之吧。从以下几点可以看出来，道光帝对宝华峪陵寝还是认真的：

一是陵寝功能齐全。宝华峪陵寝设备非常齐全，有皇帝陵，有妃园寝。我们实地考察一下宝华峪陵寝就会看出来，陵寝以金星山为前朝山，朝向、堂局都还不错，风水可说是完美。陵寝的建筑上从神道碑、石像生、大殿、明楼、地宫等主体建筑看，规制壮丽。在陵寝的旁边，还修建了妃园寝，留给他那些后宫的妃子们将

清东陵公主园寝的宝顶

来使用。建好陵寝，道光帝就把王佐村那里已经葬入地宫多年的孝穆成皇后从地宫中起出来，运到东陵宝华峪，并亲临参加了这个迟到的葬礼。

二是奖赏了承修大臣。这虽然是惯例，但道光帝还是认真奖赏了操持宝华峪工程的那些王公大臣，包括庄亲王绵课、承修大臣戴均元和英和等，无非是封官、赏银子之类的事。

三是在东陵修建了公主园寝。端悯固伦公主园寝，是清东陵内唯一的一座公主园寝。园寝坐落在清东陵风水墙外、马兰峪以东三里的许家峪村。这里埋葬着道光帝的两个皇女和两个皇子共四人。端悯固伦公主为道光帝长女，其母为孝慎成皇后，活了七岁。皇二女，其母为祥妃，只活了半年。皇二子奕纲，其母孝静成皇后，活了二岁。皇三子奕继，其母孝静成皇后，仅活了一个多月。这姐弟四人，大的七岁，最小的只活了一个多月，道光帝却为他们选择了一块很大的地方单独修建园寝，让他的子女到阴间也要高人一等。

所以，道光帝开始时是认真的，你想，把家属都带来了，还不认真吗？他是真想自己将来埋葬在东陵的。可是，后来发生了一件意想不到的事情，使道光帝找到了逃离东陵的借口。

这件事情，就是宝华峪陵寝地宫渗水事件。渗水事件是被一个保洁员发现的。当时保洁员正在地宫里面搞卫生，发现地宫中有潮气，墙根有水痕，赶紧上报东陵守护大臣。守护大臣不敢耽搁，赶忙上报道光帝。道光帝一听大吃一惊，立即下旨，开启木门，到里面看看。这个木门，是临时封闭地宫的门，等将来道光帝去世，棺材葬入地宫，就要拆掉。所以，这里是神秘的地宫，是孝穆成皇后棺材的葬所，没有道光帝的谕旨，谁也不敢打开。大家最关心的事情，也是道光帝最想知道的事情，是地宫里面有没有水，是不是把棺材给淹了。于是，道光帝急忙派出了宗室敬征前往查看。敬征会同东陵守护大臣一起，奉旨打开地宫内木门，大家一看，真是大吃一惊。发现地宫金券内居然渗进了水。敬征急忙把看到的情况上报道光帝，据《清宣宗实录》记载："门内地面有积水五分，逐层石券至地宫石券地面，俱有积水五六分不等。"

道光帝接到奏报，赶忙来到东陵。他太急迫了，急于想知道地宫到底怎么样了。但他还得走程序，得先拜完东陵的各位祖先，才能来到地宫办自己的事情。道光帝忙完一切，来到地宫一看，两个感觉：一是惊讶。积水竟然深达一尺半多,比敬征汇报得还厉害,把棺材都淹了;二是气愤。这是什么工程? 如此糟糕,亏了是现在,如果我驾崩了,葬到地宫之中,那不就被水淹了吗?

皇帝气成那样,那些承办大臣可要倒霉了。但道光帝很有心计,在万分气愤的情绪之下,他居然做出了令人匪夷所思的决定:

首先,惩处承办大臣留有余地。毫无疑问,承办大臣先是被骂得狗血喷头,什么"丧尽天良"等等的话,都骂出来了。接着,王爷、大臣都遭到了降级、罚银的处罚。以寻常人看来,道光帝会不会一生气要杀人啊。这可很难说,你想,地宫都渗水了,谁能不生气啊? 可是,让人意想不到的是,道光帝对负有重大责任的戴均元却是网开一面。据《清宣宗实录》记载:"著免其死罪,并免发遣,即行逐回原籍,用施法外之仁。"既不杀,又不罚,只是轻描淡写地处置了一下。道光帝对戴均元的这种态度,真算是法外开恩了。这不是皇帝的风格啊,道光帝究竟在想什么呢? 让人一头雾水。

其次,拒绝补救措施。按理,宝华峪地宫渗水,道光帝采取一些补救措施不就完了。早年,乾隆帝的地宫也出现过渗水,就是采取的补救措施,这一点,道光帝是非常清楚的,因为他就曾经参与过裕陵补救地宫渗水的措施。可现在,自己的地宫出现了渗水,他却坚决拒绝了臣子们提出的补救措施,据《清宣宗实录》记载,道光帝愤怒地说:"尚云设法修理者,不知是何肺腑,可笑之至。"有什么好笑的呢? 再说也笑不出来啊。另外,当有人提出来,如果不想再使用宝华峪陵寝,那就在东陵其他地方再找,有的是风水宝地。可是,道光帝却反应极为冷淡。大家都在猜,皇上究竟是怎么想的呢?

原来,道光帝心中已经有了主意,他本来就不愿意来到东陵,当时是碍于家法和祖制,才不得已在东陵修建了宝华峪陵寝。这次地宫渗水,正好成全了道光,他要以此为借口,尽快离开这个地方。所以,我们明白了,道光帝为什么不重惩戴均元。接着,他做出了两个惊人的决定:一是拆除已经修建好的宝华峪陵寝,包括妃园寝。至于那些堆积如山的建筑弃料,道光帝也做了安排:拆下的木料,准备再建陵的时候使用;石料和砖料先放在附近,等候处理。二是重新选择风水宝地。道光帝派出了很多风水术士,到京畿周围选择。这些风水大师们,到过丰润、蓟县、密云、房山、易州等很多地方，唯独没有到遵化，不在东陵范围内选择风水宝地。大家说，道光帝这不是成心的吗？

就这样，道光帝精心设计、花费巨资修建的宝华峪陵寝，顷刻间毁于一旦。

四、心满意足建慕陵

最终，道光帝在西陵之内修建了一处陵寝。这座陵寝也是历经周折，最终尘埃落定。这次，道光帝不会再有什么说法了吧，事不过三嘛！那么，这座陵寝是否会赢得道光帝的满意呢？我们查阅了一些史料发现，道光帝对这座陵寝还真是挺满意的。因为至少有以下两点，契合了他的心理。

慕陵石牌坊

一是"慕陵"这个名字，反映了道光帝的主观意志。道光陵之所以称之为"慕陵"，是道光帝自己默定的。慕陵石牌坊刻文记下了道光帝曾经说过的这样一段话："敬瞻东北，永慕无穷，云山密迩，呜呼，其慕与慕也。"这段话，后来被镌刻在慕陵的石牌坊北面。这是道光二十八年，道光帝亲自说出来的,并命令奕䜣即后来的咸丰把这段谕旨藏到隆恩殿东暖阁内,所以石牌坊上面刻着"宣宗成皇帝朱笔"字样。这段谕旨里面,出现了三个"慕"字,是不是暗示了什么呢? 所以,咸丰帝即位后,在给道光陵定名字的时候,礼臣绞尽脑汁在那里苦想:到底叫什么好呢? 咸丰

慕陵三孔石拱桥

皇帝突然之间想起了这段话,便理解了父皇的初衷,就把这座陵寝命名为慕陵。这其实是道光帝生前自己定下的名字。

二是慕陵的规制体现了道光帝的思想。道光帝在营建这座陵寝的时候,明确指出:"一切俱从简约。"所以慕陵的建筑,体现了道光帝节俭的思想。比如:裁掉了一些建筑。在宝顶建筑周围的方城、明楼、宝城等,裁掉了记载皇帝功德的大碑楼,以及二柱门、石像生等建筑。缩小了建筑规制。比如地宫由九券四门缩减为四券二门,整整缩短了一半。此外,大殿由五间缩小为三间,由重檐减到单檐;东、西配殿由五间减少为三间;宫门前面的三座拱桥缩减为一座;慕陵神道也不和泰陵主神道相连接等。不搞内装修,不做彩画。彩画其实就是内装修,要在木结构上面,披麻挂灰做地帐,然后在上面用各种颜料画出图案。陵寝一般是旋子彩画,显得庄重而大方。三座大殿不做任何彩画。

我们从上述慕陵裁掉或缩减的规制上看出,道光帝是想通过这些做

法,缩减建筑数量和体量,节省建陵的银两。

五、一座矛盾重重的陵寝

慕陵的修建,基本上实现了道光帝的思想,体现了道光帝的主观意志,确实节省了一些银两。但我们细细研究就会发现,道光帝精心设计的慕陵里面,其实充满重重矛盾:

第一,风水选择,左顾右盼,首鼠两端。

慕陵形胜

关于建陵风水,道光帝曾说过自己就想到西陵去,因为那里有他的父皇母后,他要追随他们。所以他曾在《慕陵石幢御制诗》中这样表示:"毋谓重劳宜改卜,龙泉想是待于吾。"如果道光帝说的是真话的话,真的就想到西陵去,就应该直接去西陵选择风水宝地好了,为什么他还派出了强大的选择风水队伍四处选择呢? 这些人根本没有方向,分别出现在丰润、密云、房山、蓟县、易州,用了一年多的时间,选出了很多风水。最终,道光帝都没有满意,才选择了西陵界内的龙泉峪。他曾经这样说:"且咫尺昌陵,得遂依依素志。"也就是说他到西陵,是去追随父皇的。实际上,这句话是要大打折扣的,换句话说,这并不是道光帝的心里话。

第二,既节俭又浪费。

慕陵的规制,确实按照道光帝的要求,缩小的缩小,裁撤的裁撤,应该说节省了部分银子。可慕陵的最终结算却达到了 243 万两白银,不但比计划的 240 万两多出了 3 万两,就是比盛世修建的乾隆帝裕陵和雍正帝泰陵所用银两都不少,这能说是节省吗?大家可能奇怪了,为什么道光帝缩减了规制,银子却没少呢?我们实地考察慕陵,就发现了其中的真相。

首先是木料珍贵。一般皇帝陵所用的木料,大件木料也就是松木、柏木、杉木,这些木料采伐容易,生长期也短,并不是很昂贵。而慕陵的木料,三座大殿的主要木料,是一水儿的金丝楠木。大家知道,金丝楠木的价格和松柏木相比,那简直是不可同日而语了。

慕陵楠木殿

其次是多了一架石牌坊。一般帝陵的三座门,就是简单的琉璃花门,而慕陵的三座门,却是高大而又高贵的石牌坊。在石牌坊的南面,雕刻"慕陵",满、蒙、汉三种文字;而在其北面,则雕刻了道光帝的一道谕旨。这架石牌坊采用木结构的建筑形式,完全是用巨石构成的一处三间四柱三楼的牌坊,牌坊上的瓦垄、吻兽、斗拱、椽飞、梁枋等虽不是木制,但雕刻技法与木雕无异。所以,这架以青白石料精心雕琢而成的石牌坊,工艺高超,技法匠心独运,花费远非普通陵寝门可以比拟。

其三是建筑工艺复杂。一般皇帝陵的陵墙和三大殿的墙体,都是糙砖灰砌,而慕陵的陵墙和三大殿墙体,一律是工艺复杂的澄浆砖干摆。这种工艺比较复杂、费时,垒砌墙体的做法,是砖块与砖块之间看不见缝隙,墙体外面也不抹黄泥,这就要求工匠要细细磨砖,非常费时间。

慕陵围墙

况且,这还仅是慕陵的建筑用银,如果再加上东陵宝华峪的陵寝,恐怕在清朝,就数道光帝建陵花费最大、最浪费了。

第三,不建大碑楼,却仍要树碑立传。

道光帝深知自己当政时期,发生了鸦片战争,割地赔款,已经丢尽了祖宗颜面,不好再建大碑楼,歌功颂德。于是,他给儿子咸丰下旨:"陵寝断不可建立大碑楼,遵称圣德神功字样。"(《慕陵神道碑文》)这本来是一个很谦虚又很明智的举动,可道光帝又不甘心,于是他又这样叮嘱咸丰:"如有撰述,可于小碑楼碑阴镌刻。"(《慕陵神道碑文》)这不是矛盾吗?结果,咸丰帝不得不在神道碑上大做文章,正面刻上道光帝的庙号和谥号,背面那就得镌刻父皇的"丰功伟绩"了。这种做法,在明清帝陵中,仅此一例。

所以,实际上道光帝的三次建陵,反复无常,东拆西建,浪费了大量国帑,使他节俭治国的方针大打折扣。同时,这种做法也在一定程度上败坏了社会风气,使得官场更加腐败不堪,把大清朝真正带进了"道咸衰世"。

第十讲

意想不到的定陵

定陵形胜图

　　这一讲介绍咸丰帝的定陵。咸丰帝名爱新觉罗·奕詝,是道光帝第四子,生母是孝全皇后钮祜禄氏。咸丰帝二十岁即位,在位11年,三十一岁去世。咸丰能够继承皇位,有专家说他错坐了皇帝宝座,因为比他优秀很多的道光帝第六子奕䜣却没能继承皇位,这有点儿让人意想不到。所以,咸丰帝以意想不到继位,一生中也干了很多让人意想不到的事情,最终呢,他又葬在了一座让人意想不到的陵寝,这就是定陵。

　　定陵真的是一座让人意想不到的陵寝,不要说我们今天的人有这种感觉,恐怕就连咸丰帝自己也会有这种感觉。

一、何处才是"吉地"

　　处在清朝末年,在经过千挑万选的东陵界内,咸丰帝居然找到了一处"上上吉地"。风水的确定确实是一个很难的过程,因为专业性太强,一般人是做不来的,尤其是皇帝的风水宝地,丝毫不能出差错。定陵的风水选择,就显得异常的艰辛。这次定陵选址,具有如下特点:

第一,跨越时间长。

定陵的风水选择跨越时间很长。本来,风水选择确实需要很长的时间,《葬经翼·二十四问》中说"三年求地,十年定穴,慎之也",说的就是这个道理。虽然说的有点过,但基本上也还是需要一年多的时间。可是,定陵的风水选择,却前后 4 年多的时间,这在清朝所有皇帝的陵寝风水选择中,是仅有的一例。咸丰元年九月,咸丰帝就开始着手选择风水,到咸丰四年,正式确立为万年吉地,前后了长达 4 年的马拉松式的风水选择,跨越时间之长,令人意想不到。

第二,艰辛程度让人意想不到。很多人都艰辛,包括皇帝、大臣等。

一是皇帝很艰辛。在定陵风水选择过程中,当事人咸丰帝自然最辛苦。先是费脑筋。是子随父葬在西陵选择呢,还是遵照祖制在东陵选择呢?他依然纠结这个事情。于是,他真的派人去西陵选择风水了。接着,找人,要找合适的人来操持自己的万年吉地。他选中了江西巡抚陆

定陵前景

应毂作为他的主风水官。《清文宗实录》记载,咸丰帝还亲自出马,到西陵,爬上高山,看了魏家沟风水;到东陵,"去成子峪、平安峪阅视山势",跋山涉水,不辞辛苦,爬上高山看风水。他反复询问风水先生,并反复察看:一会儿是平安峪,一会儿是成子峪,一会是辅君山,通过对比,优中选优,颇费心力。

二是大臣们很艰辛。皇帝这么艰辛,大臣能好得了吗?一定也非常辛苦。咸丰帝派出了定郡王载铨牵头,率大学士裕诚,带领工部、礼部、内务府等部门负责人,尤其要带上首席风水官陆应毂。这个陆应毂最辛苦,从江西领到圣旨,急急忙忙交接,急急忙忙北上,辛辛苦苦奔赴东陵,跋山涉水,为皇帝宣力效劳。咸丰帝对陆应毂抱有厚望啊,因此他的压力也很大。陆应毂到东陵后,密切联合马兰关总兵锡庆,踏遍了东陵的山山水水,力求找到真龙真穴,不负皇帝厚望。

三是风水师艰辛。定陵的风水师共有六人,这些人都是陆应毂从江西带过来的。因为据《清文宗实录》记载,早在陆应毂北上之前,咸丰帝就给他下旨,要他"延访江西绅民中精晓堪舆者一二,带同进京,以资商酌"。咸丰帝为什么要陆应毂选择江西的风水师呢?因为,明清皇家陵寝使用的风水理论,就是江西派的理论。明代也是如此,史料记载,明永乐五年(1407),明成祖朱棣就命江西风水术士廖均卿,为其卜选陵址。两年后,长陵开始营建。清沿明制,清帝的风水官,也基本选用的是江西的。定陵风水师有甘熙等,他们跟随陆应毂,辛辛苦苦,用罗盘测绘,凭经验判断,在定陵风水选择中,费劲了肝脑,很是辛苦。

第三,风水确实不错,令人意想不到。

定陵的风水是经过精致选择的,先后淘汰了西陵的风水魏家沟、东陵的风水成子峪和辅君山,是一处脱颖而出的风水宝地。尤其在咸丰二年,经过激烈的争论,最终确定下来。当时,大家确立了三个穴位,陆应毂一个,奕湘一个,甘熙一个,位置相差很大。这要是三者统一,那就太好了,可是三者相差甚远,据《清文宗实录》记载:大家争论不休,"各抒己见,呈递说帖,各执一词"。究竟用谁的?最终,咸丰帝还是一如既往,力挺陆应毂。因为按照陆应毂的意见,平安峪风水太好了,处于东陵主风水线上,朝山、案山明晰合法,尤其是两边之山"左龙蜿蜒,右虎驯服",是一处意想不到的真龙之穴。我们经过研究得知,早在康熙时期,选择东陵风水,就已经是费尽周折,找不到合适的尽善尽美的上吉之地,包括后来乾隆选择胜水峪风水,也是欠缺不少。而这次选择平安峪风水,居然是一处"上上吉地",这可真是一件意想不到的事情。人们都会很纳闷儿,当时康熙帝、乾隆帝,怎么就没发现这么好的风水宝地呢?

二、工程为何如此慢

按说,到咸丰四年,万年吉地已经确定在东陵界内的平安峪,开工建设还不会很快吗? 可是,事情并没有那么简单,工程进展之缓慢让人瞠目。

第一,迟迟不肯开工。

咸丰四年,定陵风水在经过长达4年的选择之后,终于确定了下来。那就赶紧确定开工日期吧,这是通常的做法啊。可是,咸丰帝真是个慢性子,他居然又思考了4年的时间,才想起这件大事。又是一个4年,他究竟在做什么呢? 我们理解他:内忧外患不断,英法联军、太平天国起义,双重打击下的咸丰帝已经疲惫不堪,也已经堕落不堪。资料记载,他每日以醇酒和妇人自戕,沉迷于酒色之中,身体也不行了。

《清文宗实录》记载,到咸丰八年,他倒是想起了万年吉地工程,便下了谕旨:"前经选定万年吉地于平安峪地方,为时已久,自应择吉兴工。"便派出了王公大臣载垣、端华等办理此事。可是,当时他并没有下决心开工建设,也不知道下一步要做什么,就这样,一年又过去了。

咸丰帝便服画像

第二，开工只是一个形式而已。

到咸丰九年，不能再拖了。史料记载，四月十三日，咸丰帝这才痛下决心："宜用申时动土兴工，大吉。"钦天监给他算好了开工的黄道吉日，确定在这一年的四月十三日。大家以为，既然时间确定得这么具体，浩大的陵寝工程肯定次第展开。可是，这仅仅是一个形式而已，王公百官来到东陵，主持了开工仪式，就草草收场，定陵工地又回归到一片寂静之中。

大家一定会问，到底什么原因，使咸丰帝这么拖拉，都不想自己的陵寝建设？其实，他何尝不想早早开工建陵呢？可是，他做不到，最主要的原因有以下两点：

一是国家没钱。建筑陵寝，那可是要动用国帑、举国供张的巨大工程，那要花好多银子。可是，咸丰帝没有钱，他的钱都用来镇压太平天国了。当时，为了定陵的建设，筹集了58.4万两白银，存放在宗人府。这点钱，对于陵寝大工程来讲，确实不是很多。《清文宗实录》记载："宗人

避暑山庄"烟波致爽"殿，咸丰帝即崩逝于此

府现在吉地工程银两，为数已属无多，转瞬来岁春融，应行兴修工项，亦须先为筹备。"尽管如此，这点可怜的工程款，最终还是被挪用了，被庞大的军费开支给挪用了。没有钱，怎么开工建设呢？这是很现实的一个问题。

　　二是曾想迁都西安。迁都这件事，源于一场战争，这就是英法联军的侵华战争，也叫第二次鸦片战争。战争开始于咸丰六年，英国利用"亚罗号事件"挑起战争。咸丰七年，英法联军攻占广州。咸丰八年，攻陷大沽炮台，兵临天津城下，迫使清政府签订《天津条约》。第二年，也就是咸丰九年，定陵的工程开始了。接着，咸丰十年，英法联军疯狂进攻天津，天津陷落。然而，英法联军并没有停止进攻，他们向北京进发，扬言要焚毁紫禁城。咸丰帝就是在这种情况之下，带领他的宫娥后妃，带领他的王公大臣，仓皇逃到了承德避暑山庄。这时，咸丰帝接到的消息是，气急败坏的英法联军居然攻进御园圆明园，并在抢掠之后，悍然放火："将圆明园三山等处宫殿焚烧，痛心惨目，所不忍言。"这是恭亲王奕訢的奏折。当时，管园大臣文丰在万不得已之下，跳福海自杀；居住在圆明园的道光帝常妃看到熊熊大火，竟然惊吓而死，终年五十三岁。就是在这种糜烂不堪的局势下，咸丰帝乱了方寸，竟然想到要放弃北京，迁都西安。据《清文宗实录》记载，咸丰帝认为："陕西古称天府，雄踞上游，与中原声息相通，人心系属，转饷亦易，诚为便宜。"咸丰帝这种思想虽然持续时间不长，但他毕竟动摇了，哪还有心思建陵呢？而且，如果真想迁都，陵寝就会跟随京师，那就要在西安附近寻找万年吉地了。

　　所以，大家看一看，咸丰帝受到这些条件的约束，怎么开工建陵呢？一直到咸丰十一年七月十七日，他病死在承德，陵寝工程也没有什么起色。你想，他咽气的时候，一定会想到自己的陵寝，自己将来要葬到哪里呢？动荡不安的局势，他的王朝能持续多久，他都不敢预想，也只有听天由命吧。

三、时事迁宕难建陵

　　咸丰帝临终之际，自作聪明地布了一盘棋。他先让年仅六岁的儿子载淳继位，接着，安排自己最信任的八位顾命大臣赞襄。但是，他又担心

慈安太后画像

八大臣窃夺皇权，便想出了一个好办法，让他的两个女人——慈安和慈禧牵制他们。但是，咸丰帝没有想到，他的两个女人居然走上前台，垂帘听政。真是世事难料，咸丰帝遗憾离世，年仅三十一岁。他都不敢预料这个王朝在内忧外患的情况下还会持续多久，更不敢想象自己的陵寝了。所以，他沮丧至极地离开了人世。可是，让咸丰帝意想不到的事情还是发生了，政局风谲云诡，瞬息万变，居然形成了这样一种局面：

一是八大臣灰飞烟灭。

八大臣是咸丰帝在临终之际，选中赞襄小皇帝载淳的八位大臣，有宗室载垣、端华、肃顺和景寿、穆荫、匡源、杜翰、焦佑瀛等共八位。咸丰帝之所以选中他们，是因为皇帝年幼，才六岁，必须有人辅佐。所以，这八人称之为"顾命八大臣"："祖制重顾命，姜姒不佐周。"（《独行谣》）这八个人，掌管着朝政，一切政命，均决定于这八个人。可见，顾命大臣被赋予的权力极大。然而，这八位却在咸丰帝宾天后仅仅两个半月，就被逮捕法办，成为任人宰割的鱼肉，究竟是什么原因呢？

轻视是主要的原因。一方面，他们轻视了两个女人的能量，一个是慈安，一个是慈禧，还沾沾自喜："自顾命后，至今十余日，所行均惬人意。"（《近代史资料》）另一方面，轻视了恭亲王的力量，没有高度警惕他与慈禧的联合，会促成政变的成功，据《庸盦笔记》记载："肃顺颇蔑视之，以为彼何能为，不足畏也。"另外，他们忽视了兵权。大敌当前，他们却主动交出了兵权：载垣交出了銮仪卫事务，端华交出了步军统领，肃顺交出了向导处事务，这些都是朝中的军权，他们却在不知不觉中交出去了。所以，这八个人，最终的结局是，载垣、端华被赐令在宗人府空室自尽；肃顺最惨，据《庸盦笔记》记载：他"又不肯跪，刽子手以大铁柄敲之，乃下跪，盖两胫已折矣，遂斩之"。至于其他几个人，则是被轻而易举地处理掉了。至此，咸丰帝临终精心安排的烜赫一时的顾命八大臣灰飞烟灭。

二是恭亲王风生水起。

恭亲王奕䜣，在他的前期发展中很不顺利。本来，他是位非常优秀的皇子，可父皇道光帝却错误地选中了咸丰作为继承人，这就使得奕䜣大为沮丧。接着，咸丰帝即位，他的处境就极为尴尬，终于在咸丰五年，咸丰帝找了个借口，处分了他。据《清史稿》记载："上责王礼仪疏略，罢军机大臣、宗令、都统。"奕䜣沮丧极了，据《乐道堂诗钞》记载：他"凄凉悲忌日，节序近中元"，甚至觉得自己今生不会再有出头之日了。果然，咸丰帝病逝后，咸丰在安排顾命

恭亲王奕䜣像

大臣的时候，八个人可谓不少，自己的亲弟弟恭亲王奕䜣却不在其中。

但是，奕䜣并没有就此沉沦，他紧紧抓住咸丰帝病逝、两宫太后与八大臣势同水火的嫌隙，利用一切有利于自己的政治势力，比如洋人的支持，使自己很快成为"北京派"的核心。据《热河密札》记载：奕䜣利用赴承德叩谒梓宫的有利时机，与慈禧密谋政变事宜，"力保无事，又坚请速归"。所以，可以这样说，这次政变之所以成功，有一半功劳

要归于奕䜣。是他的努力、精心策划,才得以成功。政变成功后,奕䜣收获最大。据《清皇室四谱》记载:奕䜣"加号'议政王',赐食亲王双俸,复授军机大臣,兼任宗令,管宗人府银库"。可以说奕䜣此时集政权、军权、族权、财权于一身,失落多年的他,此时找回了自我,大权在握,真是风生水起。

三是那拉氏一夜蹿红。

那拉氏就是慈禧,她本是一个名不见经传的兰贵人,但是,天赐良机,她怀孕生子,为咸丰帝养育了唯一一个成活的接班人。所以,位号也就提升为了贵妃,到咸丰帝去世时,这个封号并没有改变。那么,改变那拉氏命运的是两件事:

一件是他的儿子即位,她被尊为皇太后。据《清列朝后妃传稿》记载:"皇太子践祚,尊为圣母皇太后,号'慈禧'。"成为皇太后,在地位上成为皇室最尊,这是她以后能够夺取政权的根本。

养心殿东暖阁太后垂帘听政处

另一件则是她策划了政变。慈禧是一个有野心的女人,早在咸丰帝活着的时候,她就干预政事。据《花随人圣庵摭忆·补篇》记载:"后窥状渐思盗柄,时于上前道政事。"这样,慈禧与同样掌有权柄的肃顺等人必然产生了矛盾,肃顺等人欲除之而后快。据《崇陵传信录》记载:"大学士肃顺,曾密疏请文宗行钩弋故事。"也就是请求咸丰帝临终之际,下旨除掉慈禧。这样,慈禧就与肃顺结下了不共戴天的仇怨。所以,这场政变,她最积极,并以利益为诱饵,说服慈安,得到最高人物的支持。利用奕䜣,与之密谋,策划大计。利用兵部侍郎胜保,提供军事支持。利用周祖培与肃顺的矛盾,撺掇御史董元醇上折,鼓吹太后垂帘。周祖培是大学士,处于宰相地位,是一个很有分量的重臣。她利用一切社会力量,为自己清除异己、垂帘听政扫清了障碍。终于,政变成功,八大臣灰飞烟灭。这样,到咸丰十一年十一月初一日,她如愿以偿地实现了自己的政治抱负。《清皇室四谱》记载:"随孝贞显皇后御养心殿垂帘训政,时年二十七。"这时,离咸丰帝逝世仅隔 103 天,她就由一位贵妃,升格为大权在握的太后,成为大清国炙手可热的政治明星,真可谓一夜蹿红。

所以,就在咸丰帝病逝后仅几个月的时间,政治形势就来了个天翻地覆。政局的变化,又直接影响到了皇帝陵寝的修建。因为,陵寝是号称"天字第一号工程"的国家工程,究竟要如何修建,按照什么规制修建,自然要由国家最高权威人士敲定。显而易见,一夜蹿红的慈禧,在定陵修建这个大事件上,具有举足轻重的地位。这真是咸丰帝意料不到的事情。

四、一座女人决定的皇陵

清代帝陵的规制,本来不会有什么争议,自从康熙二年,顺治帝孝陵营建之后,以后的帝王陵墓,就都以此为蓝本,只可以进行局部调整,不会有大的变化。可是,道光帝即位后,在陵寝这个问题上,屡做手脚,至少有两大问题:一是破坏了昭穆之制,东拆西建,把已经在东陵建好的陵墓,全行拆毁,到西陵龙泉峪修建了陵墓,这本身是一种破坏家法的行为;二是在营建陵寝的时候,在建筑规制上,标新立异,有增有减,创立了一种非常独特的规制,让人觉得不可思议。所以,道光帝在陵寝这个问题上,至少有两点儿破坏了祖制。这样,在他之后定陵的修建,很明显就被置于了两难的境地。

定陵石五供、明楼

恢复祖制。就是按照顺治帝孝陵的模式,建筑规模宏大的陵墓,石像生、牌楼门、二柱门、碑楼、明楼等应有尽有,很是气派。

按慕陵规制办。那就要不建大碑楼、石像生、二柱门、方城、明楼等建筑,还要缩小宫门、大殿、配殿,将之由五间减为三间;地宫由九券四门减为四券二门;将三孔神路桥由三座减为一座,等等。总体上讲,那就要降低规制,低调很多。

怎么办呢?并没有人敢于说话,因为这毕竟是皇家的内部事务,朝臣不好说话。可是,就在这时,有一个叫宋晋的工部侍郎说话了。据《清穆宗实录》记载,宋晋主张:"慕陵规制朴实俭约,万古可法,现在定陵工程可否仿照办理。"宋晋作为工部侍郎,了解建陵的规矩,就是后世子孙要逊避祖陵,规制不要超过祖陵的建筑,这是规矩,所以他这么说;而且,他也有把握,那就是朝廷不会不顾祖制,驳他的面子。

可是,宋晋的奏折一上,立即遭到围攻。其中,来自礼亲王世铎的攻击最激烈。世铎是代善九世孙,宗室亲王,他最应该了解建陵的规矩了。但是,这个时候,世铎细心观察时局,他要看着慈禧的脸色行事,因为这时正是慈禧太后垂帘听政快两个月的时候,大家已经领略了她的威力。慈禧会怎么想呢?以世铎的了解,慈禧是一个很奢靡的人,她绝对不想建一座很小气的陵寝,因为那样的话,也会影响到自己将来建陵的规制。于是,世铎决心赌一把。他立即上折,驳斥宋晋,据《清穆宗实录》记载,世铎主张:"现在定陵工程大局已定,若勉强仿照慕陵办理,则所备木石工料等项一切均须变更,既多窒碍,转恐稽迟。"也就是说,世铎力主恢复孝陵那样宏大的规模。

　　这样宋晋一方和世铎一方的观点严重对立起来,这就需要朝廷定夺。其实,说来说去,就是请慈禧太后定夺。因为这个时候,她已经夺取了最高统治权,可以决定这件大事。事情正如世铎所估计的那样,慈禧果然不能容忍宋晋的奏折,因为那样的陵寝规制太为寒酸。据《清穆宗实录》记载,慈禧命令:"著仍遵现在成规,迅速恭办,以期山陵及早奉安。"

定陵石像生

　　这就让宋晋非常诧异:他说的并没有错,他坚持的是大清家法,怎么会被慈禧给驳斥了呢? 慈禧的这种态度,是他万万没有想到的。

　　那么,定陵最终的规制是这样的:依照顺治帝孝陵的基本模式;石像生、碑亭、大殿、方城、明楼、宝顶和地宫等大体沿袭了孝陵的模式;吸收了慕陵的部分做法,比如裁掉了大碑楼和二柱门,地宫不做复杂的雕刻等等;创新了新规制,比如裁掉了大殿两侧和后面没用的石围栏,增加了方城前礓磋两侧的石围栏,等等。可谓既承接了祖制,又有所创新,是承前启后的规制。

五、废物利用建帝陵

皇家建陵，一直以来，那可是举国体制，用料上是丝毫也不将就的事情。历史上有好多陵寝建筑都用了名贵的物料。比如皇太极的昭陵，大殿地面就用了五种宝石，名贵得很。再比如，乾隆帝裕陵和道光帝慕陵三大殿，所用木料都是名贵的金丝楠木，等等。那么，定陵的建筑要用什么名贵的物料来修建呢？

在介绍这个事情之前，我们先介绍一下前面涉及的"宝华峪拆陵"事件。宝华峪陵寝原是道光帝在东陵的陵寝，据《清宣宗实录》记载，道光九年五月，道光帝做出了一个重大决定："奉移孝穆成皇后梓宫于宝华峪正殿，神牌于东配殿，命皇长子奕纬行礼。"即把在道光七年就已经葬进宝华陵寝的孝穆成皇后梓宫移出来，暂安在隆恩殿中。道光帝为什么要这么做呢？原来，道光帝要做一件大事，那就是要废弃已经修好的宝华峪陵寝，全部拆毁所有建筑。这是为什么呢？原来，地宫渗水了。陵寝被拆除，道光帝为了掩饰这一极大的浪费行为，并没有把陵寝拆下来的物料全部废弃，而是把那些没有破损的物件，全部运往西陵龙泉峪，以便修建慕陵的时候使用。至于那些没有选中的或是已经有所破损的物料，则就地存放，但他并没有说如何处理这些旧料。所以，这些存于东陵的宝华峪陵寝旧料，基本上是道光帝抛弃的物料。

大出人们的意料之外，这些被废弃的旧料，被慈禧看中了。她要做什么呢？她决定在修建定陵的时候派上用场。所以，定陵就让人大跌眼镜。

1. 淘汰的旧料。定陵建筑所用的物料，不仅是宝华峪的旧料，而且是道光帝抛弃的陵寝旧料。

2. 风化的旧料。我们知道，宝华峪陵寝从道光元年就开始修建，就是按照道光九年陵寝被废弃的时间算起，到同治元年，也已经有 30 年了。过去这么多年，这些废弃的旧料长年累月裸露在外面，风吹雨淋，能不风化吗？

但是，没有办法，这个时候，正是内忧外患的关键时期：太平天国起义，外国列强入侵，糜烂的局势并没有因为"北京政变"而好转多少，朝廷建陵是心有余而力不足,建陵的经费无从筹措,使用旧料实在是万不得已的办法。从这里我们看出,当时的所谓规制之争,慈禧主张恢复旧制,恐怕也有考虑使用旧料的因素在内。那么,定陵建筑都使用了哪些旧料呢?

定陵小碑楼、石拱桥

大件石料。包括:地宫用,比如石门、石门楼等;宝城用,比如挑头沟嘴等;方城用,比如角柱石;明楼用,比如碑座石;石五供用,比如石香炉等;大殿用,比如苍龙头、丹陛石等;神道碑亭用,比如水盘、龙趺、碑身等;牌楼门用,比如中槛等。

各种旧砖。据《平安峪万年吉地工程备要》记载,"砖料有新样城砖三万二千七百六十四块,旧样城砖四十二万一百二十四块,随式城砖十五万二千五百七十六块",共 605464 块。

门窗。包括各种隔扇 62 扇,各种门窗 24 扇。

此外,还有大量小件青白石料、紫砂石、豆渣石等,都被使用在工程之中。

所以,大家可以计算一下,定陵的每一座建筑,几乎都有宝华峪陵寝的旧料,那得省去多少建陵的费用啊。慈禧这种做法,可谓一举两得:既加快了工期,又节省了银两,何乐而不为呢? 然而,即使这样节省,定陵最终还是花掉了朝廷313.5万两的白银。按照档案记载,定陵完工于同治五年,这一时间,距离定陵开工时间,已经过去了八个寒暑。

六、凤主龙附的皇后陵

皇后陵就是定东陵,也就是慈安陵和慈禧陵的合称。按照清代陵寝

定东陵鸟瞰

的命名方法,这两座皇后陵在定陵的东边,因而命名为“定东陵”。就是这两座皇后陵,让所有的人都大感意外。因为,清朝早在康熙年间,修建第一座皇后陵的时候,就规定了后陵的规制,一定不要超过皇帝陵。清朝同治以前的皇后陵都是这么做的。可是,同治、光绪年间修建的定东陵却多有突破,并使她们的丈夫咸丰帝的定陵为之黯然失色。

一是建两座皇后陵,令人瞠目。

清朝皇后陵的出现,实际上是一种不得已的做法。一切只因皇帝陵地宫只有一条隧道,一旦皇帝先行葬入,掩闭地宫石门,按照“卑不动尊”的古礼,死在其后的皇后就无法进入帝陵,处在无处安身的尴尬境地,才兴建了皇后陵,这是一种不得已的做法。可是,咸丰帝去世后,他万万没有想到,这一万不得已的做法,却成了慈安、慈禧这两个女人摆谱使威风

的借口。按理,两个皇太后,完全可以葬在同一地宫之中,皇帝陵的地宫中,最多有葬入六个人的,有什么不可以呢? 退一步讲,不想合葬,也可以在同一个院子里,打造两个地宫,那样不就节省一些银两吗? 可是,这两个女人居然修建了两座陵寝,耗费了大量钱财:慈安陵用银266万两,慈禧陵用银227万两。

两座皇后陵寝的修建,向人们透露出一个信息,那就是两位垂帘听政的太后互不服气:一个是地位最尊的慈安太后,一个是擅权弄势的慈禧太后,她们之间面和心不和,使得朝臣更加忌惮,所以在制作两陵烫样的时候,据《雷氏堂司谕》记载:承办大臣叮嘱"千万要烫一样高低,不可分别粗细。花活均要细腻详明"。

二是违制擅建碑楼,令人瞠目。

两座定东陵前面,各修建了一座神道碑亭,为违制之举。之所以这么说,是因为在古人眼里,刻碑立传,那是男人的事情,女子并不立碑。就因为

定东陵建筑

这个原因,唐代的武则天虽称为一代帝王,但她为自己所立的石碑依然不敢镌刻任何文字,是无字碑,可谓明智之举。可是,这两位皇太后,却仰仗垂帘权势,悍然修建了两座神道碑亭,而将自己的谥号刻在上面,招摇得很。

慈禧神道碑

我们走进两位皇后的神道碑亭,看到在巨大的龙趺之上,赫然镌刻着她们的谥号,似乎依然能感觉到她们当年的权势——威风凛凛,垂帘听政。尤其是慈禧太后的石碑之上,居然镌刻了 22 个字的谥号,这可是清朝所有皇帝都无法媲美的数字,因为皇帝去世,最初的谥号一般只有 18 个字,等到新皇帝继位,再加上尊谥,以示孝道,最多达到 22 个字。而皇帝碑亭上镌刻的谥号,为最初的谥号,都不足 22 个字。所以,慈禧神道碑亭上面的谥号,因为字数太多,又非常隆重,遭到出使德国考察的立宪大臣于式枚的强烈反对。据《清朝续文献通考》记载,于式枚就说:"孝钦显皇后徽号十六字,加上尊谥六字,共成二十二字,则已逾于列圣尊谥初上字数。"但于式枚孤掌难鸣,这个特殊的谥号最终还是被镌刻在了神道碑之上,成为后人诟病的话柄。

三是"凤压龙",令人瞠目。

更让人难以理解的是,在两座皇后陵的丹陛石上面,居然雕刻了"凤压龙"图案。雄健的凤在上面,张牙舞爪,盛气凌人;蛟龙在下,曲身逢迎,承接凤喙。而在慈禧陵,更是在栏板上出现了凤引龙图案——凤在前面飞,龙在后面追;望柱上面也是一样,柱头上雕刻了一只翔凤,而在柱身上则是两条盘龙。这与其他帝后陵寝的做法大为不同,更加突出了凤的尊荣地位。

这其实是两宫太后玩弄权术的一个体现,它淋漓尽致地反映出同治、光绪年间,慈安、慈禧垂帘听政的政治背景。从这里,人们明白无误地了解到,晚清的朝廷里面,是皇太后说了算,皇帝其实只是

慈禧陵隆恩殿前丹陛石

傀儡而已。

　　四是使用的珍贵物料，令人瞠目。

　　更加让人难以理解的是，即使如此超越规制，欲壑难填的慈禧太后，居然在光绪二十一年国家正处在危难的时刻，下令将逾制的慈禧陵三大殿全部拆除重建。这时，慈禧早已大权独揽，没有任何障碍，因而重修之后的慈禧陵，用料更加肆无忌惮：

　　建材改用珍贵的黄花梨木。据《清德宗实录》记载："大殿木植，除上下檐斗科仍照原估用南柏木成做外，其余均拟改用黄花梨木，以归一律；东西配殿照大殿用黄花梨木色，罩笼罩漆。"大家知道，黄花梨木非常珍贵，可说是寸木寸金，那是明清时期皇家或贵族之家做高档家具用的珍贵木料。

　　用黄金装饰。慈禧陵三大殿，全部用黄金作为装饰材料。在这里，黄金的装饰工艺，共有贴金、扫金和镀金三种。这样，三大殿的装饰用掉了大量黄金。据《内务府来文·陵寝事务》记载，"原估大殿等处，

慈禧陵大殿金龙和玺彩画

需用叶子金四百九十六两二分九厘。续勘东西配殿及神厨库等处,需用叶子金二百六十三两一钱八分二厘。续估重檐大殿改用木质罩漆,需用叶子金二千九百二十七两九钱九分三厘。续估东西配殿改用木质罩漆,需用叶子金八百九十五两七钱八分四厘三毫。续估宝龛改用木质罩漆,需用叶子金九两一钱五分二厘”,这几项用金加起来,总数就达到4592.1403两之多,真是让人瞠目结舌。

要知道,慈禧陵重修的时候,正是中日甲午海战之后,日本帝国主义借海战获胜之机,勒索清廷,大量赔款,清朝处在捉襟见肘的难堪状态,广大百姓生活在水深火热之中。而慈禧却不顾这一切,居然动用海军军费,修建自己的奢华陵寝。

五是慈禧如此狼狈不堪,令人瞠目。

让咸丰帝没有想到的是,多年后的 1928 年,他的王朝早已成为历史,民国政局动荡不安,驻扎在东陵附近的孙殿英部居然相中了他的那位懿贵妃慈禧的陵墓,野蛮地用炸药轰开地宫,盗掘珍宝。慈禧精心设计的陵墓被盗开了,大量价值连城的珍宝被洗劫一空。到底有多少珍宝呢? 有人说,价值白银 5000 万两,也有说一亿两白银的,李莲英的侄子

相关人员考察慈禧陵被盗情况

李成武也说，"慈禧的葬物若均追回，足以富国"。总之，是价值连城了。

让人意想不到的是，执掌朝政47年的慈禧太后娇贵的玉体，居然被盗匪扔出了棺材，十分凄惨。据相关资料透露，陵墓被盗后，"慈禧玉体在焉，面朝下，左手搭于背上，头发散乱，上半露体，下半有裤有袜，袜已将脱，遍身均生白毛"。烜赫一时的慈禧太后，此时不仅衣衫不整，披头散发，还被兵匪在脸上刺了一刀，兵匪从刀口处取出了价值不菲的夜明珠。

这就是咸丰帝的定陵，从选址、备料，到设计规制，都有太多的意外发生。尤其是咸丰帝去世之后，他的两个女人慈安和慈禧，力排众议，修建了十分张扬的定东陵，使本来应该逊色于帝陵的皇后陵蜚声中外，这就让咸丰帝更加意想不到了。咸丰帝去世，他的儿子同治帝即位。同治帝是一位傀儡天子，那么，慈禧太后将会怎样安排他的陵墓呢？下一讲再详细介绍。

第十一讲

孤独的惠陵

孝哲毅皇后与同治帝合葬的惠陵

这一讲介绍同治帝的惠陵。同治是咸丰帝的长子,生母就是臭名昭著的慈禧太后。同治帝六岁即位,在位13年,十九岁去世。他去世后,葬入东陵的惠陵。这是一座孤独的陵寝,无论墓主人还是陵墓本身,体现出最明显的一个特征就是孤独。

一、源自生母的孤独

惠陵位于东陵的最东边。而且这不仅是最东边的问题,而是它的风水问题。惠陵的风水,已经不是东陵的主脉风水了,而是一个分支。据《宫中杂件》记载,惠陵所在的"双山峪,由昌瑞山分支起伏,停顿至玉皇顶"。这是风水官张元益和高士龙的风水说帖,明确指出惠陵风水双山峪,已经不是什么主干风水了,是主干风水昌瑞山的分支。同治帝的老师翁同龢,对双山峪风水的评价更低,据《翁同龢日记》记载:双山峪"龙气稍弱,又非正落正结,止漫坡有涧而已,所幸雨水来汇,抱穴东南去,远山横带,颇为有情,然不如成子峪远矣"。这就是说,在主山之下,没有好的可用风水,不得已使用了分支风水,按照翁同龢的说法,远远不如成子峪风水,而成子峪风水,则是咸丰帝早年淘汰的风水。这个双山峪,蜷缩在东陵的东南一角,真的就像一只离队的孤雁一样,非常孤单。大家想一想,在50平方公里的前圈范围之内,那么大的面积,东南一角,有一个孤单的惠陵,有谁能够轻易想起它来呢?

惠陵望柱南望金星山

按理,同治帝完全可以不必使用这个孤独的风水,他有其他的选择,因为,他根本就不应该在东陵建陵。清朝皇帝在哪里建陵,是有家法可以遵循的,乾隆末年,乾隆帝明确规定,他的子孙各依昭穆之制建陵,也就是父子东西陵分葬。按照这个祖制,同治帝的父皇咸丰帝的定陵在东陵,那么他就应该在西陵范围之内选择陵地了。可是,他怎么会来到东陵了呢? 其实,是受到了各种因素的影响。

一是没看上西陵的风水。同治十三年十二月初五日,同治帝去世之后，两宫皇太后慈安和慈禧便派出了恭亲王奕䜣和醇亲王奕譞选择大行皇帝的万年吉地。去哪里选择呢？按照大清家法，只能去西陵选择。可是，相关史料中却这样记载："奕譞偕同魁龄、荣禄、翁同龢带领通晓风水之员，并司员、弁兵、吏役恭诣东陵先行相度，再诣西陵敬谨履勘。"大家看清楚了，人家是先到东陵，再到西陵。看来，是以东陵为主，西陵只是一个补充而已。尽管如此，在西陵还是选看了一些风水宝地。比如，他们备选了西陵的九龙峪。九

溥仪的祖父奕譞像

龙峪在易州西陵界内，曾经被乾隆、道光、咸丰等多位皇帝看过。但由于各自的原因，这块风水最终没有被采用。奕譞等人此次选看，当然要仔

惠陵的主题建筑

细分析这块风水了。据史料记载,最初,也还是承认九龙峪"气局严整,属上吉之地"。但最终还是被抛弃了,原因据《惠陵工程记略》记载,居然是这样的:"现在看得九龙峪,虽自永宁山来脉,而局势已到风水墙外。"这显然不是必要的理由,因为风水墙并不能限制皇家使用风水,同时这个界限墙是可以变化的。实际上东西陵的风水墙都是几经变化的,前期围墙很小,后来随着陵园范围的扩大,围墙也就不断向外扩大。所以,如果想使用九龙峪风水的话,他们会想办法,使之进入到围墙之内的。之所以拿出这么一个理由,其实仅是一个借口而已。

二是恭亲王的怂恿。恭亲王奕䜣,是咸丰帝的同父异母弟,慈禧的小叔子。奕䜣在咸丰一朝并不得志,咸丰帝病重行将离世,临终委托八顾命大臣辅佐年幼太子,其中依然没有奕䜣的份。这让奕䜣五内俱焚,怒不可遏。于是,他和贪权的慈禧联合起来,发动了震惊中外的北京政变。慈禧得以垂帘,奕䜣功不可没,所以被授以议政王,食亲王双俸,领衔军机,可谓权倾朝野。但他们

同治帝朝服画像

之间的合作仅仅维持了4年的时间,便宣告破裂。同治四年三月初四日,御史蔡寿祺弹劾奕䜣。初七日,慈禧就亲自拟旨,煞有介事地这样说道:"恭亲王著毋庸在军机处议政,革去一切差使,不准干预公事。"这显然是严厉处罚了恭亲王。经过一个月的较量,心高气盛的恭亲王终于低下了头,卑躬屈膝的到慈禧面前认错,这个比慈禧还大两岁的小叔子,不得不痛哭失声,表示自己的忏悔,慈禧这才下旨:"命恭亲王仍值军机,毋复议政。"不仅如此,同治十三年,奕䜣还遭到了同治帝的教训。同治帝亲政,为了讨好慈禧太后,在财政窘迫的形势下,居然

要大兴土木，修复咸丰年间被英法联军烧毁的圆明园。奕䜣等非常着急，便率文武百官上书谏阻，同治帝大怒，便草率做出了决定："恭亲王召对失仪，夺亲王世袭，降郡王。"大家看一看，这个小小的同治帝，居然如此对待他的亲叔叔，可以随意蹂躏、践踏他的尊严。虽然这件事因两宫太后的干预，并没有实现，但这又给了奕䜣一个沉重的教训——还是老实点吧，人在屋檐下，怎敢不低头？

　　奕䜣经过这两次大变故，可以说是惊心动魄：再不小心翼翼，随时都有可能出现危险。这样，在他的心里，出现了一个难以抹去的阴影——对于慈禧、对于皇权必须恭恭敬敬，不能再冒险，也不能再顶撞了，甚至产生了巴结慈禧的心理。他认为，同治帝陵寝的位置确定就是一个机会。所以，当慈禧问及恭亲王奕䜣，要把同治帝陵寝定在何处的时候，《翁同龢日记》中这样记载：奕䜣小心翼翼地这样说"以理，则九龙峪固佳；以情，则臣下不敢言"。奕䜣在这里，表明了自己的态度：按照家法，就是西陵，那是"理"；说到情，那就不能再表态了。其实，奕䜣这是在怂

惠陵陵寝门

愿、纵容慈禧违背家法,他表明了一个态度——无论如何我反正都不会去干涉了。

三是慈禧顾恋了母子私情。奕䜣的态度,让慈禧大为欣慰,因为她确实需要奕䜣的支持。她想随心所欲,必然违背祖制,必然遭到朝野的反对。毫无疑问,慈禧对自己的儿子同治帝是有感情的,她是怀有一分私心的。这个私心就是祭祀方便,把儿子葬在东陵,将来自己祭祀会很便利。还在光绪元年九月十八日,同治帝的棺材从北京出殡东陵,慈禧就悲从心来,女强人的眼泪终于掉了下来。据《钦定大清会典事例》记载,当时慈禧:"追维往昔,悲感何胜。若奉移之际,不获亲临一视,中怀倍深惨怛。"她对儿子的死,是发自肺腑地哭。在以后的岁月里,慈禧会不时想起亲生的儿子,尤其在每年的清明节这个思亲的日子里,她更会想起这个孩子。而且,慈禧曾在光绪五年、十二年、十六年、二十八年清明节,四次亲临东陵,祭奠这个让她思念的儿子。她登上明楼,坐在宝顶旁边,掩面而泣,哭诉着、数落着这个孩子,表达着自己的思念之情。因此慈禧把儿子陵寝安排在自己的陵寝旁边,那会很方便祭祀。另外,慈禧当然相信,百年后,自己升天,葬进东陵的陵寝,与儿子实现地下团圆,那是一件最理想的事情了。

所以,同治帝惠陵最终落脚位于东陵东南角的双山峪,位置倍显孤独。

二、另有玄机的孤独

惠陵的建筑一如它的风水一样,也是孤独的。

一是裁掉神道,孤独于陵区之外。

惠陵的建筑,像孤雁一样,孤独地建筑在陵区东南角。本来,惠陵就偏居陵区东南一隅,倍显孤独。加之又被人为地裁掉了一些建筑,使其更加感到孤独。究竟把什么建筑给裁掉了,会使人有这种感觉呢? 考察实地得知,惠陵裁掉的建筑是一条踩在脚下的神道。

什么是神道呢?《后汉书》李贤注曰:"墓前开道,建石柱以为标,谓之神道。"也就是说神道是死者神灵所走的道路。在陵寝,那就是帝王后妃们的道路,没有了道路,他们当然就无路可走,闷在地宫里,可不就很

惠陵前景

孤独吗？在东陵，有一个完备的神道网络。先是以顺治帝孝陵神道为最长，达 6000 米，把孝陵所有的建筑都串联其中。神道的结构由中心石、两侧散水砖、牙子石三部分构成。这条神道十分神圣，只允许死去的帝、后、妃们的棺椁和他们的神牌在上面通过，活着的人，上自皇帝下到百姓，概不许在上面通行，否则重惩不贷。而其他帝陵的神道，都要与顺治帝孝陵的神道相连接，表示他们都是顺治帝的子孙，称之为一脉相连。但惠陵的神道，却是莫名其妙地被断掉了。

据史料记载，光绪元年四月初七日，慈禧太后下旨："惠陵现在择吉兴工，除神路、石像生毋庸修建外，其余均照定陵规制。"这个至关重要的惠陵神道被慈禧给裁掉了。那么，慈禧太后为什么会下达这样的一道谕旨，裁掉这个至关重要的建筑呢？应该出于以下几个原因：

第一，经费紧张。惠陵工程浩大，最终结算为 436 万两白银。可是，当时的清朝国库空虚，积弱积贫，哪有这么多银两来为死去的皇帝建陵呢？没有办法，就只好东挪西借，并要求各省报效。据史料记载，各省纷纷上奏："臣等目击时艰，各省现在情形，拨款本属不易，现复筹办海防，各事用项自繁。"也就是说，各省也很难完成任务。怎么办呢？捉

惠陵牌楼门、神厨库

襟见肘,拆东墙补西墙。据史料记载,甚至于动用了慈禧陵的工程款以应急需:"伏查菩陀峪万年吉地工程处另存额外盈余银两,拟请提用。"看来,惠陵工程银子不够用,而慈禧太后陵寝的工程款倒是还有富余,真是大不一样。

正是由于惠陵的工程款项不足,而惠陵的神道设计得又偏偏很长。据相关史料记载:"所有惠陵应修神路一道,拟自五孔券桥前,往南五丈即向西南而引,会至孝陵龙凤门前东座望柱地方,亦尚合局。"据此测算,惠陵的神道要和孝陵神道相连,要 2300 多米。这么长的神道,那可要花费几十万两白银。所以,经费紧张确是一个最主要的原因。

第二,慈禧厌恶阿鲁特氏。阿鲁特氏是同治帝的中宫皇后,她比同治帝大两岁。一进宫,慈禧就不太喜欢她。但慈安喜欢她,同治帝喜欢她,因而中选成为皇后,这使慈禧的心中非常不爽。因此阿鲁特氏进宫后,慈禧就时不时地干预同治帝的夫妻生活,甚至要求皇帝要多去慧妃宫里,不要去皇后宫里,这让同治帝大为反感,于是他索性哪里也不去。也正是在这样的情况下,被一些别有用心的朝臣和太监钻了空子,他们引导同治帝冶游,甚至有同治帝经常去八大胡同的传闻。最终,同治帝因天花去世，或说同治帝身染梅毒而逝，年仅十九岁。

同治帝去世，慈禧做了两件非常过分的事情，让阿鲁特氏没法活了。一件事是不给同治帝立嗣，绝了她的希望；一件事是同治帝去世，慈禧以光绪帝的名义，给皇后上了一个让她难以接受的徽号。据《清德宗实录》记载，是让"皇后作配大行皇帝，懋著坤仪，著封为嘉顺皇后"。这个徽号，简直太欺负人了。大家想一想，这是新继位的年仅四岁的光绪帝封给的徽号，一般大行皇帝去世，新皇即位，那要"尊封"前任皇后的徽号，而绝对不是"封为"什么什么，这也太不礼貌了。但没有办法，这是小叔子给的封号，这种口吻，就像是对待自己的妃嫔一样。

这样，阿鲁特氏没办法再活下去了。退一步说，即使勉强接受这

同治孝哲毅皇后画像

个封号，将来怎么办，小皇帝长大了，一个寡妇嫂子，如何在宫中立足呢？俗话说"寡妇门前是非多"啊，这可真把阿鲁特氏逼进了死胡同。她会怎么办呢？就在光绪元年二月二十日，同治帝去世后75天，阿鲁特氏死于宫中。关于她的死，众说纷纭，但大多认为是非正常死亡。《清皇室四谱》中是这样记载的，说阿鲁特氏："绝食崩，或云为慈禧皇太后所扼，吞金死也。"

由于慈禧和这个葬在惠陵里面的儿媳妇之间，有着不可调和的矛盾，她会不会在变态心理的作用之下，做出断掉惠陵神道、不让这个讨厌的女人在另外一个世界有路可走呢？也未可知。总之，如果是出于好恶的心理因素，阿鲁特氏应该是最主要的原因。

二是裁掉石像生，陵寝缺乏动物灵性，更显孤寂。

惠陵石拱桥、小碑楼

石像生，是陵墓中很重要的组成部分。它最早起源于秦代，但我们看到的最早的实物资料，是西汉的霍去病墓。据《史记·卫将军骠骑列传》记载，霍去病："冢上有竖石，前有石马相对，又有石人。"这是最早的实物资料。之后的历代贵族陵墓，石像生并不罕见。

其实，石像生在人们心目中，是有一定作用的。其一，仪仗作用。排列有序的石像生位列神道两侧，像仪仗队一样，皇帝出巡，自然很气派。其二，镇墓作用。这当然是石像生最主要的作用。可以理解，墓主人的地宫之中，一般随葬有奇珍异宝，自然担心被贼人盗掘，所以在神道上安排一些凶猛的野兽，比如狮、虎，来吓唬盗墓贼，起到镇墓的作用。其三，富有灵气。石像生还有一个作用，我觉得它激发了陵墓的灵动气息。大家想一想，陵寝之中都是一些冷冰冰的建筑，殿宇也好，石碑也好，都是这样。只有那些雕刻成如狮子、马等的动物，或雕刻成人的形状的石像生，很有灵气。人们只有在这里，才可以感受到陵寝的些许灵动气息。

但在封建社会，一切要按照等级行事，石像生也不例外。《大清律》中就规定，三品以上官员的陵墓可用石兽六件，五品以上官可用石兽四件，六品以下不准设置石刻。

按道理讲,同治帝作为堂堂大清国的皇帝,拥有天下万民和天下财富,理应修建石像生,这是典制上允许的。可是,这一切却被裁掉了。慈禧打出的旗号仍然是节省,没有多余的钱修这个。据史料记载,光绪元年四月初七日,慈禧太后召见了恭亲王奕䜣、醇亲王奕譞,做出了这样的

惠陵大殿

决定:"惠陵撤去文士、武士、立马、立象、狮子,并下丹陛一道,留望柱一对。"裁掉了这些富有灵动气息的石像生,就使得本来很孤独的惠陵,感觉更加孤独和冷寂。

三是接班人不在碑匾上钤章,墓主人倍感孤苦无情。

陵寝里还有一点让人感到温馨的地方,那就是在神道碑亭的大石碑上面,在明楼的朱砂碑上面,在隆恩门、隆恩殿、明楼斗匾上面,从雍正帝开始,都会在这些文字下面盖上这样的章——"某某尊亲之宝"。这种做法是从雍正帝开始的,雍正帝不仅亲自书写了这些文字,还在上面盖上了"雍正尊亲之宝"的印章。从此之后,这种做法就成为了一种制度,表明那些继位的皇帝对死去老皇帝的一分尊敬之情。之后的陵寝,都是这么做的,其中也包括那些皇后陵。比如,乾隆帝会在泰陵、泰东陵的碑匾上盖上"乾隆尊亲之宝";嘉庆帝会在裕陵碑匾上盖上"嘉庆尊亲之

宝"，等等。新皇帝这样做，一方面体现了孝顺——是儿子对父皇的孝顺，很明显的辈分关系就出来了；另一方面，则体现出了一种浓浓的亲情——这会给冰冷阴森的陵寝建筑加进一丝人情的味道。同时，也会使墓主人感觉温暖而不孤独，就好像儿子一直陪伴在身边一样。所以，大家不要小看这个小小的印章，这句文字不多的"尊亲之宝"，却能给逝者带来难得的温暖感。

惠陵石五供、明楼

只有惠陵是个特例，惠陵的神道碑、明楼碑上，以及隆恩门、隆恩殿、明楼的斗匾上，却意外地没有这个令人温暖的"尊亲之宝"，这是为什么？难道是光绪帝不孝顺吗？

这么说，光绪帝可太感到委屈了，他才年仅四岁，他懂什么呢？实在是没有办法做这件事情。因为，他不是同治帝的儿子，却是同治帝的弟弟。以往帝陵、皇后陵之所以都盖上这个"尊亲之宝"，那是因为他们是父子、母子关系。而光绪帝和同治帝不是这种关系，而是兄弟关系。这种兄弟关系，实在没有办法表达出来。

造成这一切的原因，都是同治帝的母后慈禧太后。她出于揽权的目的，不顾伦理，居然改变了清朝的传位家法，变子承父业为兄终弟及，拥立年仅四岁的醇亲王奕譞的儿子载湉继位，这就是光绪帝。这样的话，她就可以继续做皇太后，继续垂帘听政。所以，基于这样一种关系，在惠陵的碑匾上就很难表达嗣皇帝这种孝心，承办大臣没有办法，只好请示慈禧太后。结果，据《惠陵工程备要》记载："请旨，匾额应否钤用宝文。奉旨：无庸钤用，钦此。"所以，惠陵就成了自景陵以后，清帝陵中唯一没有钤章的陵寝，让后人一看就知道同治帝没有子嗣。这种无情的做法，加剧了惠陵孤独的境地，显得更加孤苦无情。

三、令人费解的惠陵妃园寝

惠陵的建筑被慈禧裁掉了神道，也裁掉了石像生。慈禧打着的旗号是为了节省，似乎只有这么说，才拿得出手。可是，慈禧这样做的目的到底是什么？真的是为了省钱吗？

经过查阅史料我们发现，慈禧在惠陵的建筑上，采取了两个标准：一

惠陵妃园寝大门

方面,打着节省银两的旗号,裁掉了惠陵的神道和石像生,压低惠陵的建筑规格;另一方面,慈禧又大张旗鼓、不顾一切地抬高另外一座建筑的规格,不怕花钱,企图高调修建这座陵寝。这座陵寝就是惠陵的附属建筑惠陵妃园寝。

据《旨意堂司谕》记载:"妃园寝著添明楼、方城、宝城、地宫石券;添台石五供一座,其余照旧。"其中的"照旧",是仿照康熙帝太妃园寝规制办理的意思。也就是说,在上述规制之上,再仿照太妃园寝添加东西配殿,或再添加一块丹陛石等。按照这道谕旨,惠陵妃园寝可就了不得了,它的规制和皇后陵没什么区别,仅仅是琉璃瓦的颜色为绿色而已。这要比乾隆年间修建的太妃园寝规制还要高——那里没有石五供的设置,而这里却设计出来了。

这可奇怪了,慈禧的这个决定让人非常吃惊。对于惠陵和妃园寝,慈禧的态度如此令人费解:一方面,她极力裁抑惠陵的规制和耗银;另一方面,却极力抬高其妃园寝的规制。这一扬一抑,反映出慈禧的爱憎,反映出复杂的宫廷斗争。

国库既然那么紧张,建筑帝陵都捉襟见肘,筹措银两十分困难,不得不向各省强行摊派,慈禧太后也不得不以此为借口,裁抑惠陵的建筑规制。可是,为什么要无限制地扩大妃园寝规制?当时的恭亲王和醇亲王,以及那些王公百官们都干什么去了?为什么会允许皇太后如此荒唐地下达这样的谕旨?

人们议论纷纷,这简直没有天理和王法了。但是大家要清楚,慈禧是不会无缘无故下这样的谕旨的。原来,这一切只为一个人,那就是慈禧最喜欢的慧妃富察氏。慈禧对这个女人也实在是太喜欢了,在选秀女的时候,就想选她为皇后,因为慈安和同治帝的反对而没有实现。可是,慈禧并不甘心,为了这个女人,他不惜打破祖制和成规。

1. 破格晋封。慧妃进宫,当时的封号仅是妃子。可是,慈禧关注着她呢,慈禧甚至要求同治帝多去慧妃那里。她甚至鼓励慧妃,努把力,将来生个皇子,把皇后取而代之。同治帝很不听话,但慈禧总是这么鼓励他们——要多接触。

惠陵妃园寝一路一孔石拱桥和宫门

不仅如此,慈禧还破格给慧妃晋封位号。晋封为慧妃仅两年,同治十三年,慈禧太后不顾宫中忌讳,居然大肆封赏慧妃,于"十一月,诏晋皇贵妃"。这可是宫中大忌,因为皇后还在世的时候,一般不晋封皇贵妃。虽然清朝后宫制度中,有皇贵妃这个等级,但是,因为惧怕皇后有心理压力,一般都是虚而不设。清朝就发生过这样的事件,如乾隆朝,在乌拉那拉皇后还健在的时候,乾隆母子晋封令贵妃为令皇贵妃,引发宫中大乱,那拉皇后竟以剪发相威胁,酿成大祸。前车之鉴,慈禧不可能不知道。她这么做,皇后阿鲁特氏会怎么想呢? 于是婆媳之间的关系骤然紧张起来。

2. 破格给徽号。慈禧不顾宫中禁忌,破格晋封慧妃为皇贵妃,已经使得皇后心中不爽了。然而慈禧并没有就此罢休,就在同治帝去世之后,慈禧又开始琢磨着怎么封赠慧妃。她居然想出了这样的办法:封皇后阿鲁特氏为"嘉顺皇后",同时封慧妃为"敦宜皇贵妃"。这是不应该的事情:一方面,她不应该以光绪帝的名义,册封皇后的封号,那样,等于降低了皇后的地位;另一方面,她也不应该再给慧妃加上徽号,这等于抬高了慧妃的政治地位。慈禧的这种做法,让阿鲁特氏无路可活。不仅如此,据《清皇室四谱》记载,到光绪二十年,慧妃又进一步得到了宠封:"慈禧皇太后以是年六旬慈庆,命晋封为敦宜荣庆皇贵妃。"如此晋封妃子的封号,在清朝宫廷史上,别无先例。这种遇有庆典,晋封徽号的事情,只有皇太后才有资格得到,一个没有生育、没有任何功劳的普通妃子,却得到如此殊荣,真是闻所未闻的事情。

3. 破格规划陵寝。惠妃园寝的规划,规格之高,也是前所未有的事情。不仅增加了东西配殿、方城、明楼,还增加了景陵太妃园寝所没有的石五供。慈禧做的这一切的一切,都是为了一个女人,那就是她最中意的慧妃。

其实,我们推测,慈禧这种不理智的做法,只是为了赌一口气而已。大家想一想,慧妃都做了什么,慈禧值得为之这么付出?一没生育,二没辅佐之功,三没特殊地位,这究竟是为什么?我估计,慈禧就为了赌一口气,找回当年的面子。当年,她中意这个女人做中宫皇后,可慈安和同治帝不中意,最终自己这个亲生母亲输给了慈安,心中不爽,一直耿耿于怀。

可是,慈禧的这种决定毕竟不太理智,即使王公百官不说话,舆情也会说话的。慈禧考虑再三,理智最终战胜了冲动,她还是及时收回了这种过分铺张设计。据史料记载,她在两天之内,连下两道谕旨:(光绪元年)七月二十三日,谕醇亲王:"所有现修妃园寝,前经谕令添修宝城、方城、明楼暨石台五供、梓罗圈墙均著撤去。"七月二十四日,谕恭亲王:"现修妃园寝著勿庸添修配殿,一切规制均照妃园寝修建。"一切终于回归正常,慧妃也只能是空欢喜一场了。

四、孤独中的一丝慰藉

我们看出,无论风水,还是建筑都体现了"孤独"两个字。值得庆幸的是,尽管惠陵是孤独的,但惠陵的墓主人同治帝却并不孤独。

一是有父皇陪伴。父皇咸丰帝的定陵就在东陵的平安峪。同治帝与父皇咸丰帝之间感情深厚,咸丰帝就这么一个成活下来的皇子,喜爱的程度可想而知。据《清穆宗实录》记载:"恭读文宗御制诗,有云:'绕膝堂前助笑颜。'"看出咸丰帝与儿子之间那种亲密无间的情感。同治帝对父皇有两件事记忆犹新:一是与父皇一起过生日。资料还记载,咸丰帝三十岁生日的时候,把年仅五岁的同治叫出来,与大家见面,欢笑一堂。另一件事是他六岁的时候,咸丰帝临终托孤,拉着他的手,把天下交给这个孩子，那种绝望的眼神，他永远也忘不了。据《清穆宗实录》记载，当时，他悲痛万分："号恸仆地，良久方起。"那种父子感情是真挚的，是无法粉饰的。所以，从同治帝内心深处来讲，他当然愿意葬在东陵，因为，这里有他的父皇。

　　二是有母后陪伴。这个母后不是慈禧，而是慈安。同治帝对自己的生身母后慈禧是一种敬畏的心理，甚至有一种厌烦的心理，这其实是孩子对父母的一种逆反心理。相反，对慈安却是很信任，感情深厚。下面几个例子可以说明：选择皇后时，他站在慈安太后一边，忤逆了亲生母亲；他甚至与慈安太后密商，除掉亲生母亲慈禧的亲信太监安德海。据《满清稗史》记载，慈安对同治帝说："汝欲求有肝胆之人，惟山东巡抚丁宝桢。"丁宝桢果然不负所望，命人缉拿安德海，"奏上，遂正法"。所以，同治帝和慈安太后之间，虽然不是亲生，却有一种很亲密的信任关系，更有母子间的亲情在内。这样，同治帝对慈安太后当然有一种依恋的母子亲情，有她的陪伴，同治帝心里并不孤单。

　　三是有心爱的女人陪伴。这个女人就是他的中宫皇后阿鲁特氏。

惠陵陵寝门望明楼

阿鲁特氏比同治帝大两岁,两个人感情很好。主要是阿鲁特氏的气质吸引了年轻的皇帝,阿鲁特氏诗、文、书、画样样精通,而且她还会左手书法。对此,《清宫词》有描述:"珣瑜颜色能倾国,负却宫中左手书。"一个典型的才女,同治帝虽然不努力学习,却很喜欢才女。这样,慈禧虽然强力干预他们夫妻之间的关系,不允许他们经常见面,但帝、后的心灵是相通、相爱的。直到最后的日子里,也是阿鲁特氏在陪伴他,给他擦拭创口的秽物,精心照料他,送他最后一程。就在同治帝去世后75天,阿鲁特氏也自杀身亡,追随同治帝的灵魂去了。所以,他们两个人的灵柩一起出殡到东陵隆福寺停灵,一起在光绪五年三月二十六日葬进地宫之中,真可谓生前相爱,死后同葬。有心爱的女人陪伴,同治帝肯定不会感到孤单。

四是有忠臣陪伴。在惠陵的周围,还陪葬着一位忠臣的孤魂,他就是吏部主事吴可读。吴可读怎么会和惠陵扯上关系了呢? 吴可读,甘肃兰州人,道光三十年进士,曾任御史。吴可读性情耿直,直言不讳。同治年间,一个叫成禄的人任乌鲁木齐提督,滥杀无辜,却假冒战功,朝野哗然。吴可读上书:"请斩成禄以谢甘民,再斩臣以谢成禄。"吴可读的话,也太憨直了吧。于是,被降三级调用。光绪五年三月二十六日,同治帝永安大典,场面非常隆重,慈禧太后带领着满朝文武来到惠陵,孤寂的惠陵立即热闹起来,这里成了当时政治的中心。吴可读也参加了这次永安大

惠陵丹陛石

典,一切都按规定的程序进行,同治帝、皇后阿鲁特氏的棺椁,分别被抬上龙辅车,沿着两个木轨道,缓缓进入地宫,安放在石床之上。然后,慈禧等众人向他们做最后的告别,退出地宫,逐层掩闭石门。一共是四道石门,都关上了,施工人员赶紧填砌墓道。一切都结束了,慈禧等人返回北京。大家都走了,有一个人没走,他要陪陪同治帝这个孤独的天子,这个人就是吏部主事吴可读。吴可读不敢在陵区逗留,来到了陵区西边的蓟州。眼看天色已晚,便住进了一个废寺之中。在这个孤寂的废寺中,吴可读思绪沸腾,挑灯夜书。他在写什么呢? 他做了两件事:一是写奏折,准备交给慈禧的。在这份奏折中,吴可读披肝沥胆、淋漓尽致地阐述了自己的观点。他对慈禧皇太后提出了要求:"俟嗣皇帝生有皇子,即承继大行皇帝为嗣。"就是说,如果当今皇帝生有皇子的话,那也是同治帝的皇子。这等于是在给同治帝争取子嗣。一是题绝命诗,写在墙壁上的。吴可读写完奏折,认识到了这份奏折的分量,一旦交上去,以慈禧的

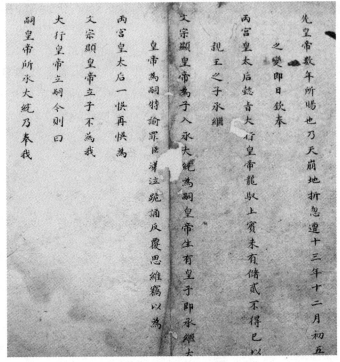

吴可读撰写的谏文(局部)

脾气,自己如此干涉皇家事务,会遭到很严厉的惩戒,闹不好会丢掉性命。更重要的是,自己奏折中的要求不会被答复。怎么办呢? 吴可读的偏执性格又来了,他决定以死明志,采取尸谏的方式。于是,他在墙上写了一首绝命诗,其中有这样的两句话:"欲识孤臣恋恩所,惠陵风雨蓟门东。"(《携雪堂全集》)在这里,吴可读用了一个"孤"字形容自己的处境,可谓恰到好处。正是一个孤臣的孤魂,在这里守望着这座孤独的惠陵,真是愚忠之至。吴可读做完这一切,便"自缢,未绝,仰药死"——想一死了之,还费尽了周折,真是不幸。吴可读在遗书中,还提出了一个要求——他要葬在蓟州境内。再说明白一点儿,他葬在这里的目的是要陪伴在惠陵旁边。因为,蓟州就在惠陵的西边,他就等于陪葬了惠陵。可是,谁都没有把握,吴可读的这种一厢情愿能不能实现,慈禧会是什么样的一种态度。慈禧太后看了吴可读的遗疏,虽然很生气,但也很感动,毕竟是老臣的一片忠心。慈禧满足了他的愿望:一是特旨将来光绪帝生子的话,也是同治帝的继承人;二是准其葬在蓟州境内,让他陪葬在惠陵旁边。慈禧如此答应了他的要求,这倒是吴可读生前没有想到的。

这就是同治帝的惠陵,处在一个被人遗忘的角落,是一座孤独的陵寝。不过,他霸道的母后慈禧太后,把他葬在了东陵,有那么多亲人们陪伴在身边,多少冲淡了这分孤独感。同治帝去世后,他的弟弟光绪继位。处于王朝末路的光绪帝,他的陵寝又将发生哪些有趣的故事呢? 我们下一讲再介绍。

第十二讲

悲情天子的崇陵

崇陵全景

这一讲介绍光绪帝的崇陵。光绪帝名爱新觉罗·载湉,是醇亲王奕
譞和慈禧妹妹婉贞所生之子。本来,作为一个王子,他没有机会和资格
继承皇位,可是,慈禧出于私心,一语定乾坤,同治帝死后,拥立年仅四岁
的小王子坐上了金銮殿,这就是光绪帝。光绪帝在位的 34 年间,霸道的
慈禧太后多次垂帘听政,或垂帘训政,尤其是光绪二十四年,戊戌变法失
败,光绪帝被囚禁瀛台,遭到肉体和精神上的折磨,大志难申,含恨而死。
下面就详细介绍这位悲情天子的陵寝。

一、悲情天子悲情陵

光绪帝的陵寝,是在他死后开始筹划的。但令人没有想到的是,这样一件国家头号大事,竟是以错误的形式开头的。

光绪帝死于光绪三十四年十月二十一日,他的死,结束了一个时代。朝廷倒是反应很快,马上下了一道圣旨,《宣统政纪》记载:"大行皇帝尚未择有陵寝,著派浦伦、陈璧带领堪舆人员,驰往东、西陵,敬谨查勘地势。"派人到东陵、西陵去给光绪帝选择万年吉地。

可就是这道短短的谕旨里面,至少有两处错误:

第一,光绪帝生前就确定了万年吉地。一般人很自然会想到,光绪帝作为一个傀儡天子,受制于人,尤其是在变法失败后,还险些被霸道的慈禧太后给废掉,连接班人都找好了,这就是大阿哥溥儁。这样,有谁会给他选择万年吉地、修建陵寝呢。实际上,光绪帝在位期间,还真有人给他选择了万年吉地,这个人不是别人,正是他的政敌慈禧太后。

证据一,《金龙峪图》。这幅图存于中国第一历史档案馆。《金龙峪图》描绘了金龙峪的风水形势,并且在下面做了一个标记:"石柱系光绪十三年三月十四日立。"这里说得再清楚不过了,这处风水宝地,是在光绪十三年选择,并用志桩做了标记。

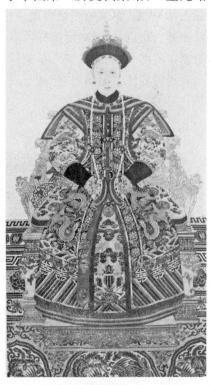

证据二,《金龙峪金星宝盖图》。此图现保存在国家图书馆,图绘于光绪十九年。这张图更明确地指出了金龙峪风水的来龙去脉:"西陵魏家沟,同治改九龙峪,光绪改金龙峪。"这个地方原名魏家沟,同治年间更名为九龙峪,光绪十三年,更名为金龙峪,确定为光绪帝的万年吉地。

顺着这条线索,我们继续寻找答案,看看这次风水活动的主人到底是谁。在《永宁山扈从纪程》中,

慈禧太后朝服画像

终于查到了这次金龙峪风水活动的主人,正是慈禧皇太后:"奉皇太后至九龙峪相度万年吉地工程,九龙峪在永福寺西北,东围墙外。吉地已定,更名金龙峪。"当时,十七岁的光绪帝陪着慈禧太后,来西陵选择万年吉地,陪同的人员还有光绪帝的老师翁同龢等人。这次西陵之行,风水术士选中了九龙峪这个地方,并请慈禧太后、光绪帝亲临阅示。大家看后,都表示赞同,于是把这个地名进行了更改,由九龙峪更名为金龙峪。

所以,光绪帝生前,确实选中过万年吉地,并不是宣统帝谕旨中所说的"大行皇帝尚未择有陵寝",是朝廷搞错了。

第二,不应该到东陵选择万年吉地。谕旨中说,朝廷派出了风水先生,到东、西陵选择风水,这就错了。按照早年乾隆帝制定的"昭穆之制",给光绪帝选择万年吉地,只能在西陵范围之内。因为,光绪帝是"载"字辈,他的上辈是"奕"字辈。"奕"字辈的咸丰帝已经葬在了东陵,那么作为"载"字辈的光绪帝就应该葬在西陵了,没有别的选择,这叫隔辈相葬。所以,给光绪帝选择风水,来东陵就错了。不过,也难怪,乾隆帝制定的那个"昭穆之制",早就被他的孙子道光帝给破坏了。所以,后来者纷纷效法,"昭穆之制"就变成了一纸空文。

崇陵三座门

　　风水术士们在东陵范围之内，非常辛苦地寻找吉地，最终选中了两块宝地：一个是兴隆台，是一块"吉壤"；一个是长龙岭，是"上吉之地"。虽然各有缺点，不过也还说得过去。但正是因为各自的缺点，比如兴隆台毗邻西大河，有安全隐患；长龙岭的堂局不很开阔，不利于建筑施工等等，两处风水最终没有被确定为万年吉地。最后，万年吉地确定在了金龙峪这个地方。并且，很快就下了这样一道谕旨，据《宣统政纪》记载，光绪三十四年十二月十四日谕旨："金龙峪，谨定为崇陵，即行择吉兴工。"陵名都确定了，就要开工建设了。这也太快了吧。金龙峪的风水，前前后后也就 50 多天的时间，这么快，简直让人难以相信。那个时候，几百里的路程，往返劳顿也得十来天的时间吧，这么快就确定下来，是不是太草率了，不会出什么问题吧？

　　果然，由于朝廷太草率了，金龙峪风水真的有问题。

　　第一，这是一处屡被抛弃的风水。

　　考证资料，金龙峪在历史档案中频频出现，上镜率很高，搞历史的人对它并不陌生。清朝历史上，很多皇帝都曾经光顾过这里，细心勘察。我们看看都有谁？

　　一是乾隆帝。大家可能会问，乾隆帝不是在东陵吗，他来西陵干什么？要知道，乾隆帝即位的时候，并不知道自己将来在哪里修建自己的陵寝，因为他的父皇雍正帝在东陵之外建了泰陵，于是形成了西陵。所以，乾隆帝最初是想在西陵选择万年吉地，实现子随父葬的愿望。乾隆三年，乾隆帝的端慧皇太子病逝，于是乾隆帝派人于乾隆四年来到西陵域内，为皇太子选择吉地。风水官来到西陵之后，很快就相中了魏家沟这个地方，就是后来的金龙峪，赶紧上折子，要求乾隆帝决定："端慧皇太子园寝，应于魏家沟地方建造。"乾隆帝接到奏报，进行了激烈的思想斗争。这个时候，他想起了自己最为尊崇、最为尊敬的爷爷康熙大帝。康熙帝在东陵呢，自己真的要在西陵建陵吗？乾隆帝陷入了深思，最终他降旨给大臣们，放弃了在魏家沟建陵的打算。由此，金龙峪第一次被抛弃。

　　二是道光帝。东陵宝华峪地宫渗水后，挑剔的道光帝到处选择风水，也曾命人到西陵选择风水宝地。这些风水术士们在西陵找到了很多宝地，其中就有魏家沟风水。道光帝把西陵的风水宝地说帖看了个遍，反复比较,最终选择了龙泉峪。这样,金龙峪风水第二次遭到皇帝的抛弃。

三是咸丰帝。咸丰帝在选择风水的问题上非常纠结,咸丰元年,他就在东陵界内选择,也看了几处风水宝地。咸丰二年二月,咸丰帝又来到西陵界内选择风水,来到了魏家沟这个地方。他先是听了风水先生的汇报,说如何如何好,便经不住诱惑,亲临魏家沟,登到山顶阅视,心里面对魏家沟留下了一些印象。但经过几年的反复权衡、纠结之后,咸丰四年,终于把自己的万年吉地确定在了东陵界内的平安峪。至此,金龙峪的风水第三次被皇帝抛弃。

四是慈禧太后。同治十三年,同治帝病逝,年仅十九岁。由于生前没有选择风水,慈禧太后便派出醇亲王奕譞去西陵选择风水宝地,同时

崇陵鸟瞰

也派人在东陵范围之内选择。在西陵,醇亲王奕譞相中了金龙峪这个地方。到底要把同治帝的万年吉地安排在哪里呢?在东陵还是在西陵?

大家可不敢做主。于是,在光绪元年二月,王公大臣来到养心殿,请示两宫太后。《翁同龢日记》中记录了这一史实:"两邸奏对,语极多,恭邸语意,偏重东边,且谓:'以理,则九龙峪固佳;以情,则臣下不敢言。'圣意遂定双山峪。"这段话里面,很清楚记载了恭亲王奕䜣的建议:如果按照大清家法,那就是西陵的金龙峪。可是,霸道专横的慈禧太后,竟然徇于母子私情,把同治帝的万年吉地定在了东陵境内的双山峪。这样,金龙峪第四次遭到抛弃。

金龙峪四遭抛弃,都说不好,那一定是有问题的。

第二,金龙峪风水表里不一,令人大失所望。

虽然金龙峪宝地多次被抛弃,但最终还是两次被选中。一次是光绪十三年,慈禧太后给光绪帝确定金龙峪万年吉地;一次是光绪帝去世,宣统帝把金龙峪再次确定给光绪帝作为万年吉地。按常理,这样两次被选中的风水宝地应该尽善尽美。从外表看,金龙峪肯定不错,不然那么多帝王为什么会频频光顾呢?可外表好,还要看内涵。这个地方的土质怎么样呢?接下来发生的事情,就让人对金龙峪的风水大失所望了。

为了加快工程,使光绪帝早日入土为安,朝廷加快了崇陵的工程进

崇陵宝顶

度。施工人员进驻现场,赶紧开槽,打地基,紧张的工程建设开始了。工程中,最基础的工作是开槽,在开槽过程中,工程人员是大吃一惊——金龙峪万年吉地原来是这样糟糕:

崇陵石五供和明楼

金井地基糟糕。金井,其实就是穴位,就是将来光绪帝棺材压住的地方。金井非常重要,最基本的要求是,在开槽的时候,这里必须是紫色土,绝对不能出现砂石,更不能出现水,否则,不仅将来地宫的坚固会受到影响,还可能出现地宫渗水,把皇帝的棺材给淹了。令人失望的是,金龙峪金井在开槽的时候,不仅出现了大石头,还发现这里很有可能会出现水。这可是犯了大忌讳的。

方城地基糟糕。方城,就是明楼的墩台和基础,在方城基础上建起来的明楼是整个陵寝的制高点。将来要在明楼上悬挂一块匾,上面用满、蒙、汉三种文字书写"崇陵"字样,因而是一座非常重要的建筑。由于这里是方城和明楼的综合建筑,明楼之内,还要树立一块大石碑,上面书写"德宗景皇帝之陵",所以方城的地基必须要稳固扎实。可是,据相关史料记载,在开槽的时候,却发现"方城地基,土质近似砂石,将来打桩,诚恐不易着手"。

崇陵隆恩殿

　　隆恩殿地基糟糕。隆恩殿就是大殿,是存放光绪帝神牌的地方,也是人们祭祀光绪帝的主要活动场所。这个建筑,要建成重檐歇山顶,五开间,体量很大,需要坚固的地基。可是,开槽的时候却发现整个大殿地基的土质,也是松散的砂石,打桩的时候,很不稳固。

　　小碑楼地基糟糕。小碑楼就是神道碑亭,重檐歇山顶建筑,里面竖一通石碑,上面用满、蒙、汉三种文字镌刻光绪帝的庙号和谥号,可以说是对光绪帝的盖棺定论,是很重要的一座建筑。可是,开槽的时候,发现这里地下不仅含有砂石,对将来地基稳固有很大影响。更加糟糕的是,这里地势低洼,出现了地下水。

　　牌楼门地基糟糕。牌楼门在小碑楼的南面,施工人员在这里开槽的时候,遇到的情况几乎和小碑楼一样,与小碑楼那里的土质是一样的,而且由于地势更低,也出现了地下水。

　　工程人员赶紧把这里的地基情况汇总、整理上报朝廷,说明在金龙峪出现石头、砂子和地下水。这些现象,在那个时代,会认为是极不吉祥的事情，出现一种这样的情况，那都要废掉，不能再用了，何况出现了这么多糟糕的忌讳。而且，经过全面勘察，从北向南，几乎所有的地方都有问题，都不能开工建设。怎么办，赶紧上报吧，说清楚，上边决定吧。

情况上报到朝廷，当时最关心这事的就属隆裕太后了，因为这是他们家的陵寝啊。她心理犯了嘀咕——这能用吗？可是，当时的清朝正处在辛亥革命的前夜，大清朝已摇摇欲坠。据相关史料记载，隆裕太后一筹莫展，万般无奈之下，朝廷还是下达了开工建设的谕旨："即著承修大臣妥筹善法，以期巩固而昭敬慎。"大家看看，这叫什么话，就是这样的地质条件，朝廷不想办法，让施工人员怎么办？简直是自欺欺人的一道谕旨。

金龙峪风水是真的有问题，不仅犯忌讳，而且会极大地影响将来地基的稳固。也就是说，金龙峪是一处中看不中用的样子货，难怪清朝好多皇帝光顾这里，最终都抛弃了它。

可是，朝廷已经顾不了那么多了，赶紧开工建设吧，地基稳固不稳固，不管；将来会不会出现渗水，冲了光绪帝的棺材，也不管。总之，早早开工，把光绪帝早日入土为安就是了。这真是：王朝末路，饥不择食，狼狈已极。

崇陵开工的时间是宣统元年，也就是1909年，完工于1914年。期间宣统元年至宣统三年，是清朝时代，为光绪帝选址建陵，那是清朝该干的事，是天经地义的事。而宣统三年，也就是1911年以后，直到1914年工程完竣，那已经是民国了，清朝被推翻，建立起来的中华民国政府，对于前朝

清帝退位诏书

皇帝的陵寝工程会是什么态度呢？他们有建陵的义务吗？

答案是没有义务，帮助完成，这就是中华民国的态度。为了减少战争，早息战火，辛亥义军代表和清朝达成停战和解协议，其中就有《优待清室条件》。据《宣统政纪》记载，《条件》共八条，其中第五条有："德宗崇陵未完工程，如制妥修，其奉安典礼，仍如旧制，所有实用经费，均由中华民国支出。"这就给清朝皇室吃了个定心丸。不然的话，新政府如果不管修建陵寝，这么大的国家工程，凭借清朝皇室来完成，是万难做到的。

二、最后一座帝王陵的悲惨命运

中国封建社会的历史，从战国时期开始，到 1911 年清朝灭亡，期间经历了 2300 多年。历史演变，朝代兴衰，从公元前 246 年秦始皇在骊山脚下修建他庞大的陵墓开始，到 1914 年光绪帝崇陵工程结束，期间在中华大地上，不知道建立了多少豪华的帝王陵墓，也不知道耗费了多少民脂民膏，来满足皇帝一己之私欲。1914 年，崇陵最后完工，终于为封建帝王这个腐朽团体的靡费工程画上了永久的句号。

虽然光绪帝并不是清朝的亡国之君，之后还延续了一代宣统朝，但辛亥革命的浪潮扑面而来，腐朽的清朝土崩瓦解。共和取代专制，民主深入人心，宣统帝在隆隆的革命炮声中，仅在位 3 年就退出了历史的舞台，所以我们从陵寝这个角度来看，崇陵是中国封建社会的最后一座陵寝，那么它的墓主人光绪帝就成为了最后一位下葬在帝王陵墓的封建帝王，可以这样说，光绪帝是清朝实际上的亡国之君。

崇陵的这位实际上的亡国之君，生前极为不幸。政治上受制于人，被慈禧太后玩弄于股掌之间：权力被控制、变法遭失败、家庭和爱情被控制着，处在孤苦无依的状态之中，所以光绪帝生前可谓是万千不幸。令人没有想到的是，在他去世之后，这个悲情天子居然再遭不幸。

第一，地宫中被安排了他并不喜欢的陌路人。

历史上与皇帝合葬在同一地宫之中，那是有很严格的条件的。因

隆裕出殡仪式

为,皇帝后宫之中妃嫔成群——皇帝三千宠爱,是是非非多着呢。而皇帝的地宫范围很有限,只有极少数皇帝中意的人,才有资格与皇帝合葬同一地宫。总结起来,大致有三个条件:一是地位要高。要皇贵妃以上的后妃,才有资格,这是最基本的条件;二是要得宠。你想,与皇帝合葬,等于是陪伴在皇帝身旁,是皇帝在另一世界的枕边人,不得宠能行吗?三是要死在地宫石门关闭之前。关闭石门,就意味着永远也不能再打开了。只有具备了这三个条件的后妃,才有可能和皇帝同葬于同一地宫。光绪帝后妃之中,有谁符合这个条件呢?

从身份上看,隆裕皇太后最合格了。皇后的身份无人可敌,从死亡日期看,也再合格不过了,隆裕病逝于 1913 年 2 月 22 日,也就是清朝皇帝宣布退位后的第二年,隆裕就病逝了。而这时,崇陵的工程正在紧张进行之中,所以光绪帝此时还没有入葬地宫,地宫石门也没有关闭。按理说,将来崇陵工竣,隆裕与光绪帝合葬是太合适了。可是,隆裕有一点儿不合适,那就是第二条,她不得宠——光绪帝不喜欢她。因为光绪帝与隆裕的婚姻是纯粹的政治婚姻,隆裕是慈禧的亲侄女,光绪帝的大表

隆裕与溥仪

瑾妃、珍妃墓

姐,是慈禧安插在光绪帝身边的眼线。由于隆裕经常跑到慈禧那里去打小报告，汇报光绪帝的行踪，光绪帝很不喜欢她。有一次，光绪帝甚至动手打了隆裕，一把揪下皇后头上的玉簪子，扔到了地下，摔坏了。隆裕大哭大闹，因为这个簪子是乾隆年间的珍贵宝物。《宫女谈往录》这样记载："于是光绪帝暴怒了，奋起身来，用手一押皇后的发髻，让她出去，把一只玉簪子都摔在地下了。"所以，隆裕在最关键的一条上不符合条件。

那么，从感情上说，光绪帝后宫之中，还真有一位最合格，那就是珍妃。珍妃漂亮、热情、开朗、活泼，最得光绪帝宠爱。光绪帝对珍妃的感情，可说是海誓山盟、形影不离，几乎每天都要召幸珍妃，两个人很快就堕入爱河之中。可是，这一切都是短暂的，慈禧太后和隆裕是不能容忍光绪帝这样做的，很快，珍妃就遭到了慈禧的惩罚。据《清列朝后妃传稿》记载，遭到"褫衣廷杖"，就是剥光了衣服暴打，并将"瑾妃、珍妃均着降为贵人，以示薄惩，而肃内政"。后来珍妃虽恢复了宫中封号，赏还了珍妃的名号，但由于戊戌变法失败，光绪帝被囚禁在瀛台，珍妃再次被困冷宫之中。光绪二十六年七月，慈禧西逃之前，据《宫女谈往录》记载，太监崔玉贵奉慈禧旨意，"和王德环一起连揪带推，把珍妃推到贞顺门内的井里"，可怜的珍妃，就这样被淹死在了井里。

崇陵光绪、隆裕棺椁

　　光绪帝的这两个女人，一个虽地位高贵，但形同陌路，至死都懒得见面，那自然不愿意与她合葬了。另一个，也就是珍妃，爱情似火，宠爱备至，却由于慈禧的干预，而被斩断爱情，连生命都没能保住。光绪帝又怎么能够实现与她合葬的愿望呢？

　　最终，1913 年 12 月 13 日，光绪帝并不喜欢的隆裕被合葬于崇陵地宫之中。而光绪帝日夜牵挂的珍妃，则早就葬在了妃园寝之中。光绪帝真是不幸，生前与珍妃的爱情被扼杀，死后还不能与之同穴，仍然要两地相隔，在天国仍然要饱尝相思之苦。

　　第二，陵寝不幸被盗掘。

　　要说光绪帝真是不幸，在清西陵，几乎所有的陵寝都没有被盗掘，泰陵、昌陵、慕陵以及他们的皇后陵和妃园寝，几乎都保存完好。在这些陵寝的地宫之中，应该是随葬了大量的奇珍异宝，比如泰东陵，墓主人是乾隆帝的亲生母亲，活了八十六岁，一生荣华富贵，被康熙帝称作是最有福气的人，她的地宫之中一定会有很多宝物。这些陵寝，都没有被盗掘。光绪帝这个傀儡天子，生前那么不得志，死后又任人摆布，地宫之中会有价值连城的珍宝吗？但是，就有盗匪相中了光绪帝的崇陵。1938 年秋，一股不明身份的军人窜进崇陵，他们从方城月牙城影壁前撬开墁地的砖石，凿开地下城砖，掘一深洞，很熟悉地凿开地宫入口，进入地宫隧道券，拨开四道石门的每个自来石，顺利进入地宫金券之中。他们用斧头把光绪帝梓宫正面砍开了一个直径约三尺的口子，把光绪帝的尸体拖到棺外，再盗走棺内的随葬品。隆裕太后的梓宫是从上面掀开了盖子，盗走随葬物。而且，把册宝箱也打碎了，盗走了里面珍贵的香册和香宝。

　　至此，我们对光绪帝生前死后的不幸遭遇已经是扼腕叹息了。可是，光绪帝的悲剧并没有结束。人们一直研究光绪帝的死因，意图得到科学合理的答案。比如末代皇帝溥仪就在《我的前半生》中认为，是袁世凯害死了光绪帝："光绪帝在死的前一天还是好好的，只是因为用了一剂药就坏了，后来才知道这剂药是袁世凯使人送来的。"除此之外，还有好多说法，比如李莲英害死光绪帝、慈禧害死光绪帝等等。2008 年，国家清史工程编纂委员会在北京举行"清光绪帝死因报告会"，宣布，研究人员通过现代科技办法，对光绪帝部分发样、骨骼、葬衣进行了科学化验分析，得出结论："光绪帝系砒霜中毒死亡。"至此，我们明白了真相，这位苦情天子确实是被害身亡的。但是,究竟是谁下了毒,是慈禧?是袁世凯?还是李莲英?还没有结论,那要等将来新资料证明了。所以,可怜的光绪帝曾经哀叹:"我还不如汉献帝呢!"我们知道,汉献帝是寿终正寝的,而光绪帝不是。

尽管如此,光绪帝崇陵也还是有两处可以点赞的。

一是崇陵所用木料为桫楠木。这种木料非常坚硬,如果放进水里面,就会沉下去,正如《异物志》所说"梓桫树,大十围,材贞劲,非利钢截不能克",也真是很难得了。

二是崇陵有一位铁杆粉丝。这个人就是梁鼎芬。梁鼎芬,晚清学者、藏书家。光绪六年进士,授编修。历任知府、按察使、布政使,曾因弹劾李鸿章,名震朝野。梁鼎芬对光绪帝那真是忠贞不二,在光绪帝入葬崇陵地宫的时候,别人都撤出来了,正要关闭地宫石门,才发现梁鼎芬还在地宫之中。原来,他是想给光绪帝殉葬,工作人员赶忙把他拖了出来。

梁鼎芬崇陵种树图

梁鼎芬对崇陵最大的贡献是绿化。由于经费不足,崇陵栽树的钱根本没有着落。梁鼎芬便想了一个募捐的办法,他买了 300 多个瓶子,装上崇陵宝顶上的雪水,贴上标签,上写"崇陵雪水",运到京城,把这些瓶子送给前清的遗老遗少——就是那些曾经受过清朝恩惠的人,然后向他们要钱,募集资金,用来绿化崇陵。经过他的努力,崇陵栽种了 4 万多株树,完成了崇陵的绿化。

崇陵是我国封建社会的最后一座帝王陵墓,同它的主人光绪帝一样,崇陵从选址到设计,从备料到建设,都历经沧桑,无不烙上了时代的印记。

第十三讲

三种境界的皇后陵

这一讲介绍清代的皇后陵。顾名词义,皇后陵就是埋葬皇后的陵寝。前面介绍过,清朝的皇陵是仿照明代陵寝制度修建的,但明陵中,并没有皇后陵。所以,皇后陵是清代的独创。这里就产生了一个问题,难道明朝没有皇后吗?为什么明朝没有皇后陵呢?

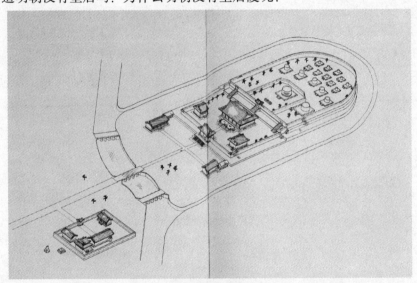

慕东陵示意图

我们知道,皇后作为皇帝的女眷,她们去世之后,棺椁要陪伴在皇帝陵寝之中,也就是说,皇后与皇帝合葬,那是以陪葬的身份进入地宫的。这里面有一个问题,如果皇后死在皇帝驾崩之前那好办,直接葬进帝陵地宫就可以了;可要是她们死在皇帝驾崩之后呢?难道要再次打开已经封闭的地宫吗?

明代的帝陵想了个办法,那就是设置三条隧道,这样即使皇帝先行葬入,地宫石门关闭,也无所谓,因为两边的地下配殿还各有隧道,可以进入。所以,《明史》中这样记载的明英宗朱祁镇裕陵的地宫情况:"异隧,距英宗玄堂数丈许,中窒之,虚右圹以待周太后。"从这条史料看出,明裕陵地宫有三条隧道,死在英宗之后的周太后可以在右边的隧道进入地宫之中。强调这条史料,意在说明明、清皇陵的区别,告诉大家为什么明朝没有皇后陵,而清朝会有。

明定陵地宫

清陵的地宫结构与明陵有很大区别,自顺治帝孝陵开始,地宫结构是一条隧道,九券四门,也就是九个券堂,四道石门。在地宫中,最后一个券是金券,金券内有石质棺床,那是安放帝、后棺材的地方。所以,清朝与皇帝陪葬的皇后也葬在这里。这里所指陪葬的皇后,都是死在皇帝去世之前的,至少是地宫还没有关闭之前。一旦皇帝葬进地宫之中,几道石门就要关闭。而关闭之后,就再也不能打开了。所以,那些还健在的皇后"百年之后"怎么办呢?

毫无疑问,那些还健在的皇后身份发生了根本性的变化。她们就由原来的皇后一跃而成为皇太后,成为新皇帝的当朝太后,所以史书上关于太后的历史这样记录:"汉兴,因秦之称号,帝母称皇太后。"(《汉书·外戚传》)这样,那些健在的皇后就成为皇太后了。对于皇太后即皇帝生母的葬地,那是不能含糊的。所以,没有别的办法,只有为之建陵了。这样,清朝共产生了7座皇后陵。这7座皇后陵,都是她们的子孙孝顺的,体现的是皇帝的一种感情、一种孝意。

可实际上并非如此,清代后陵的情况不尽相同。有的是儿孙孝顺的,体现的是一种浓浓的情感;有的则不是,完全是另外一种情况。所以,对清代后陵的研究,不仅能使我们了解到几种境界完全不同的皇后陵,而且还能从中了解到许多宫闱秘辛。

一、儿孙孝顺建后陵

这种境界的皇后陵,是皇帝们孝敬的,反映出修建者对太后的浓浓情意。清代的这种皇后陵共有3座,即昭西陵、孝东陵、泰东陵。

孝庄文皇后的昭西陵

首先是孝庄文皇后的昭西陵,体现了康熙帝对奶奶的孝顺。

孝庄文皇后,是顺治帝的母亲,康熙帝的奶奶,清初杰出的女政治家。孝庄与康熙帝之间可谓祖孙情深:一方面,孝庄对孙儿的继位一语定乾坤,使得康熙顺利继承了帝位;另一方面,孝庄对孙儿着意培养,处处严格要求,尽力把他培养成一位有素养、有智谋、有胆略的优秀帝王。而康熙帝对于祖母的恩情,也是一往情深,知恩图报。这里举两个例子进一步说明:一是最细心照顾。康熙二十二年九月,康熙帝陪着奶奶前往五台山,因为孝庄有个夙愿,那就是登上菩萨顶瞻礼。因此康熙帝细心布置,一丝不苟。首先,他亲力亲为,先行前往五台山,登顶菩萨顶,看看究竟有多难,自己细心体会一下。康熙帝一上去才知道真的很难,他认为奶奶很难登上去。因为这一年,孝庄已经进入古稀之年,七十多了。其次,训练轿夫。孝庄出行,去五台山,道路不仅远,而且很难走,必须坐轿子。康熙帝便提前训练轿夫,轿夫们抬着轿子,每一步,过沟沟坎坎,都要提前想到怎样保持平稳,遇到问题怎么处理。再次,康熙帝一直侍奉在左右。比如,一行人到了长城岭,道路艰难,轿夫们艰难地行进,孝庄看在眼里,于心不忍,便坚持要换马车行进。康熙帝看到祖母很坚决,就同意了。但是,康熙帝留了个心眼儿,他命令轿子跟在后面。果然,没

庄妃居住的永福宫

走多远,孝庄就坚持不住了,她心里也后悔了,但又不能说出来。康熙帝马上叫来轿子,孝庄一看,喜出望外。据《庭训格言》记载,康熙帝后来讲到这件事,心里还暖意融融:"诚敬存心,实心体贴,未有不得君亲之欢心者也。"二是最诚心祈祷。康熙二十六年十二月,七十五岁高龄的孝庄病重,康熙帝非常着急,怎么才能使奶奶尽快好起来呢? 康熙帝在万般无

奈的情况之下,竟然在十二月初一日早晨,带领王公大臣,从乾清宫出发,步行前往天坛,为祖母祈祷。大家想一想,本来康熙帝由于日夜照顾奶奶,就已经很疲惫了,还要由紫禁城步行到天坛,那得多远的路程啊!康熙帝之所以选择步行,表达的就是一分虔诚和恭敬。不仅如此,据《康熙起居注》记载,康熙帝在祈祷的时候,竟然说出了这样的话:"若大数或穷,愿减臣龄,冀增太皇太后数年之寿。"这真是太感人了。康熙帝与奶奶的感情是终生的,永不改变的。据《清圣祖实录》记载,孝庄去世后30年,也就是康熙五十六年,康熙帝已经六十四岁时,人们提起奶奶的时候,康熙帝还是马上就会"涕如雨下,哀不自胜"。

所以,在孝庄陵寝这个问题上,康熙帝格外关注,格外细心,他做了两件最具孝心的事情:

一是帮助奶奶解决难题。孝庄心中有两个结,据《清圣祖实录》记载,孝庄临终之际曾说这样一段话:"太宗文皇帝梓宫安奉已久,不可为我轻动。况我心恋汝皇父及汝,不忍远去,务于孝陵近地,择吉安厝,则我心无憾矣。"从这里我们看出,孝庄心里的两个心结,一个是不想回东北昭陵。很明显,她入关后已经44年了,住进北京已经44年了,她不愿意再回到盛京。原因是多方面的,有传闻中的太后下嫁,有惧怕火化自己的棺椁,等等,总之就是不想回到昭陵,不愿意再面对皇太极。二是她不想离开顺治帝和康熙帝。孝庄与自己亲生儿子顺治帝之间的关系一直是很紧张的,可以说并不和睦,她总有一种亏欠儿子的感觉,所以临终之际,她留恋儿子,要陪伴在儿子身边,不愿意回到东北去。还有,就是他对孙子的感情,那更不用说了。祖孙之间情意浓浓,感情至深。所以,孝庄临终之际,说了上面的话。这是奶奶的要求,康熙帝怎么办?他没有别的选择,不管有多难,也要按照奶奶说的办。所以,康熙帝决定,在东陵为祖母修建了暂安奉殿,先暂时解决奶奶的这个难题。由于存在很多困难,康熙帝只能为奶奶修建暂安奉殿,作为一个暂时安奉的场地。尽管称之为"暂安奉殿",康熙帝还是花费了心思,尽量让祖母在天之灵安妥。

二是以实际行动与奶奶一起共同承担政治风险。奶奶提出不回东北,葬在东陵,这其实是一个政治风险,等于为坊间太后下嫁的传闻贴上了一个标签,不论当时还是后人都会议论纷纷。康熙帝决定为奶奶承担,

昭西陵鸟瞰

表明自己的立场。于是，康熙帝通过实际行动，表明自己支持奶奶的坚定立场。如在修建暂安奉殿的时候，选中了慈宁宫的建筑，这座建筑，是孝庄生前特别喜欢的宫殿，曾经多次夸这个建筑怎么怎么好。康熙帝想起了这座建筑，便决定将之原样拆建而来。

　　这个暂安奉殿存在了几十年，康熙帝也纠结了几十年，也孝顺了几十年。康熙帝去世之后，据《清世宗实录》记载，雍正帝认为暂安奉殿是一个好地方："孝庄文皇后安奉以来，我圣祖仁皇帝历数绵长，海宇乂安，子孙繁衍，想孝庄文皇后在天之灵极为安妥"，便就地改建为昭西陵，修建得很有特色，终于帮助父皇，也帮助孝庄圆了这个梦。

　　其次是孝惠章皇后的孝东陵，体现了康熙帝对嫡母的孝顺。

　　康熙帝有两个母后，一个是亲生母后孝康章皇后佟佳氏，一个是他的嫡母孝惠章皇后博尔济吉特氏。对于自己的亲生母亲，据《清圣祖实录》记载，康熙帝有一种遗憾的感觉："世祖章皇帝因朕年幼时，未经出痘，令保姆护视于紫禁城外，父母膝下，未得一日承欢。"大家说说，康熙帝的父母怎么那么不知道照顾这个孩子，出天花那是会要命的，父母都不在身边，只有一个保姆陪伴。这样，生母孝康章皇后去世后，康熙帝最亲的人就两个，一个是奶奶孝庄，一个是嫡母孝惠章皇后。康熙帝对这个嫡母，倍加孝顺，那是一个儿子对母亲的孝顺：

孝东陵大殿

一是为嫡母排解孤独。孝惠其实很不幸，丈夫顺治帝在世的时候，不喜欢她，并在顺治十五年找了个借口，想再次废掉她的皇后名号。多亏孝庄极力保全，顺治帝的意图才没能实现。即使这样，顺治帝还是把她的中宫签字权给取消了。可以说，孝惠章皇后在丈夫在世的时候，真的很倒霉。顺治十八年，顺治帝出天花病逝，年仅二十四岁，而年仅二十一岁的孝惠，就成了寡妇。但这个女人很健康，又活了 56 年，直至七十七岁才去世。孝惠一生没有生育，一个年轻寡妇独身一人生活在深宫之中，多寂寞呀！每天除了太监就是宫女，没有一个知心人和她说话。同时，由于婆婆孝庄还健在，虽然是太皇太后，但宫里宫外还都是她说了算，自己空有皇太后的名号而已。所以，这个孝惠是最寂寞无聊的女人了。康熙帝看在眼里，便想了个办法，要嫡母给他带孩子，有了孩子，就不会太寂寞了。据《康熙起居注》记载，康熙帝征求了嫡母的意见，先后请她带两个孩子：一个是宜妃所生的五阿哥胤祺："皇五子向在皇太后宫中育养，皇太后爱之"；另外一个是德妃所生五公主。这两个孩子一个男孩，一个女孩，还都是自己最宠爱的妃子所生，康熙帝是用了心思的。这两个孩子果然给嫡母带来了欢乐，排解了寂寞的情绪。

二是为嫡母排解心结。孝惠老年的时候，牙齿掉得厉害，而且还时常疼，心中不爽，常常唉声叹气。康熙帝劝解她说，这没什么，老年人掉牙这是自然规律，不要有压力。康熙帝还给她讲了个坊间流行的说法，说如果老年人掉牙，对子孙健康有利。孝惠一

顺治孝惠章皇后画像

听，还有这个好处，就破涕为笑了，据《庭训格言》记载："皇帝此语，凡如我老媪辈，皆当闻之而生欢喜也。"看看，康熙帝多会给她排忧解难啊！

三是为嫡母祝寿跳舞。康熙帝对于嫡母的孝顺，还表现在祝寿上。康熙四十九年，是皇太后七十大寿。按照常理，那个时代的人，能够活到七十，相当不简单了，被称为古稀之年。所以，康熙帝非常重视，据《清圣祖实录》记载，康熙帝提前告知礼部，为皇太后准备隆重的庆典："今岁皇太后七旬大庆，朕亦五十有七，欲亲舞称觞。"要知道康熙帝这么做，是一种超常的举动。因为，他也已经五十七岁了，年近花甲；身体状况也由于一废太子而非常虚弱。再者，寻常时候这个舞蹈都是王公大臣跳给皇帝看的，从来没有皇帝亲自跳这个舞蹈。康熙帝以年老之身，为皇太后跳舞祝寿，孝惠深受感动。

四是为嫡母争取名分。康熙五十六年十二月初六日，孝惠病逝，享年七十七岁。她是清朝历史上做皇太后时间最长的，共做了56年太后。孝惠的死，康熙帝极为悲痛，因为这使他失去了最后一位尊敬的长辈了：

"尊长辈皆已凋谢,此等处,每以无可与言为伤。"(《清圣祖实录》)这时在给孝惠神牌排位的时候,发生了一个意外的插曲,据《清圣祖实录》记载,王公大臣以为,应该把康熙帝亲生母亲放在前面,孝惠放在后面,康熙帝立即指出了其中的错误,说"皇太后系朕嫡母,日后神牌升祔太庙、奉先殿,应安放于慈和皇太后神牌之上"。康熙帝这个态度,令满朝文武都非常感动,说他孝顺又公平。

就是在这样一种浓浓的母子亲情之下,康熙帝为嫡母修建了孝东陵,位置在孝陵之东。这里不仅有孝惠,还有顺治帝其他 28 位妃嫔陪葬在两侧。康熙帝在为嫡母修建孝东陵的时候,遵循了三个原则:一是使用黄色琉璃瓦,保持皇陵风范;二是神道要连接孝陵,表示夫妻关系;三是陵名取法孝陵,加上方位,称之为"孝东陵"。孝东陵的这些做法,成为清代所有皇后陵的典范。

乾隆帝生母孝圣宪皇后画像

其三是乾隆帝为"甄嬛"建泰东陵,体现了对母后的孝敬。

我们大家都看过《甄嬛传》,剧中主人公"甄嬛"的身世,据考证其实她就是雍正帝的熹贵妃钮祜禄氏,也就是乾隆帝的生母、历史上的孝圣宪皇后。孝圣一生有三件最大的幸事:一件事是康熙五十年八月十三日,生下皇四子弘历,也就是后来的乾隆帝;第二件事就是康熙六十一年七月,她陪同雍亲王觐见公公康熙帝,被康熙帝称之为"有福之人";第三件事就是她的独子弘历继承了皇位,而且很孝顺。那我们不妨说说乾隆的孝顺,其实就是孝圣的福:

一是多次陪伴出游。乾隆即位后,对母后非常孝顺,处处为母后着想,母后喜欢的事情,他都会不遗余力地去做。据《啸亭杂录》记载,母后喜欢旅游,乾隆帝都最大限度地予以满足:"纯皇侍奉孝圣宪皇后极为孝养,每巡幸木兰、江浙等处,必首奉慈舆,朝夕侍养。"所以,乾隆帝陪着母后分别于乾隆十六年、乾隆二十二年、乾隆二十七年、乾隆三十年四下江南,正月出去,五月回来,前后总计456天。三次游幸五台山,前后总计108天。四次东巡泰山,前后总计187天。两次东巡盛京,也就是沈阳,前后总计260天。此外,他还陪母后29次到避暑山庄游玩、打猎,等等。大家看看,人家甄嬛在那个时代,就常常出游,赏遍天下美景,多有福气啊。

《慈宁燕喜图》局部,乾隆举杯庆寿

二是隆重过生日。孝圣是十一月二十五日生日,这一天称之为"圣寿节"。每到这一天,乾隆帝都会为她隆重祝寿,尤其是她六十大寿、七十大寿、八十大寿,那场面简直难以想象。以乾隆十六年她的六十大寿为例:献九九之礼:佛9尊、宝灯9对、玛瑙器9件、玉器9件、古铜器9件、画卷9件、画轴9轴、画册9件、果盒9件,还有白银10000两,大小东珠600串,大小珊瑚600串,绫罗绸缎100匹,等等。点景,从紫禁城西华门开始,一直到西直门,十多里之内,建筑亭台楼阁,火树银花,非常热闹好看。上徽号,"十一月,六旬慈庆,加上徽号'裕寿'二字"。庆祝,从二十一日开始,一直到二十五日,宫中一连5天演戏庆祝,二十五日这一天,乾隆帝亲自向母后献酒祝寿,繁文缛节,场面极为隆重。

三是铸造金发塔。乾隆四十二年,孝圣病逝于圆明园长春仙馆,终年八十六岁,名副其实的老寿星。乾隆帝为表示对已故母亲的

乾隆为孝圣皇太后
打造的金发塔

孝敬,在其母去世之后不久,即下诏制作金塔一座,专盛皇太后生前梳掉的头发。金发塔共用黄金 3000 多两,塔高近 1.5 米,由清宫造办处承做,并派大臣福隆安、和珅等督办。塔由下盘、塔斗、塔肚、塔颈、塔伞等几部分构成,上嵌珠宝、绿松石、珊瑚等,塔肚内供佛,后置一盛发金匣。金发塔设计式样经乾隆帝钦定,经过 3 个多月的时间赶制而成,安放在崇庆皇太后生前居住过的宫殿佛堂内。金发塔纹样端庄、优美,造型稳重,制作技艺高超。

四是修建典制大备的泰东陵。早在乾隆二年,雍正帝下葬地宫前夕,孝顺的乾隆帝便征求母后的意见,询问是否在泰陵地宫预留分位,以便百年后孝圣使用。据《清高宗实录》记载,孝圣当即予以否定,于是乾隆帝下旨:"朕伏承懿旨,仰见皇太后坤德恭谨,圣虑周详,自当恪敬尊奉,仿照昭西陵、孝东陵之例,另卜万年吉壤。"就这样,乾隆帝在泰陵东北的东正峪为母后建陵,称之为"泰东陵"。泰东陵典制大备,建筑规范。更为重要的是,在泰东陵地宫中,首次雕刻了大量佛像经文,据《内务府来文·陵寝事务》记载"东正峪吉地镌刻经文佛像,用过银五千五百七十

孝圣宪皇后的泰东陵

九两九钱三分"，以此来满足母后对佛教的信奉和尊崇。

二、迫不得已建后陵

这种情况下修建的皇后陵共两座，一座是昌西陵，一座是慕东陵。先说昌西陵。

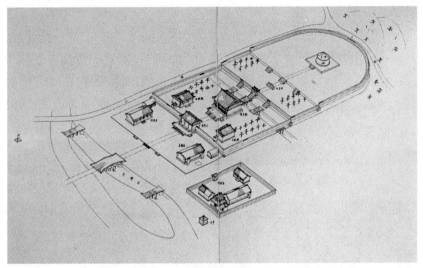

昌西陵示意图

按理，皇后陵就是太后陵，理应由儿皇帝修建，这是新皇帝对皇太后的尊敬和孝顺。可是，昌西陵的墓主人孝和皇后钮祜禄氏，本是道光帝的皇太后，道光帝却没有给她建陵，这座昌西陵是咸丰帝修建的。道光帝为什么这么不孝顺呢？最主要的原因有二：

首先，不是亲生母亲。道光帝的亲生母亲是孝淑皇后喜塔腊氏，但她不长寿，嘉庆二年，丈夫刚刚继位两年，太上皇还活着呢，她就去世了，被葬进嘉庆帝昌陵地宫之中。嘉庆帝亲政后，在嘉庆六年，钮祜禄氏被册立为中宫皇后。嘉庆帝去世后，道光帝继位，钮祜禄氏还健在，被尊为皇太后。但是，由于不是亲生母亲，他们之间的关系很是微妙。

其次，母子间存在矛盾。道光帝与孝和皇太后之间的矛盾，源于储位之争。要说这种矛盾的发生，还是由嘉庆帝引发的。嘉庆帝做错了

孝和睿皇后画像

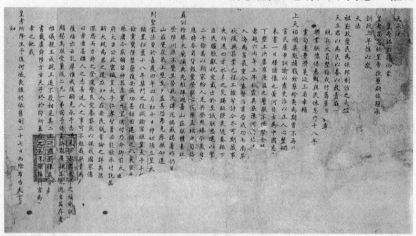
嘉庆帝在避暑山庄留下的"遗诏"

一件事,那就是他在嘉庆四年先密立了道光为皇太子,接着又在嘉庆六年册立钮祜禄氏为中宫皇后,这就为以后埋下了祸根。大家想一想,一旦嘉庆帝去世,钮祜禄氏成为皇太后,地位最尊,她会拥立并非自己亲生儿子的道光继位吗?关键是道光这时还面临两个障碍:一是嘉庆帝没有立储谕匣。嘉庆二十五年七月二十五日,嘉庆帝暴亡于避暑山庄,大家在慌乱之际,并没有找到嘉庆帝在嘉庆四年秘密立储的谕匣。所以王公大臣分成两派,有的同意道光继位,还有人不同意:"枢臣托津、戴均元等犹豫。禧恩抗论,众不能夺。"(《清史稿·宗室禧恩传》)这是一场生死之战,如果有嘉庆帝的立储遗嘱,谁还敢说三道四呢?在乾清宫"正大光明"匾后面,根本就没有所谓的立储谕匣,要是有的话,打开一公布不就万事大吉了吗?二是皇太后存有私心。皇太后的私心是什么呢？是她的两个亲生儿子，一个是绵恺，一个是绵忻。嘉庆帝去世的时候，道光三十九岁，绵恺二十六岁，绵忻十六岁。孝和皇后当然希望自己这两个孩子继承皇位了。据《清宣宗实录》记载，当道光帝派人驰赴圆明园，要太后表态的时候，在万不得已之中，她说了这样的话："但恐仓卒之中，大行皇帝未及明谕，而皇次子秉性谦冲，素所深知。为此特降懿旨，传谕留京王大臣，驰寄皇次子，即正尊位。"太后的这番话有问题，什么叫"未及明谕"？什么叫"秉性谦冲"？这种事有谦让的吗？从中我们看出皇太后是在迫不得已的情况之下，才拥戴道光继位的。

昌西陵前景

由此，道光帝与太后之间心存芥蒂，所以在道光执政的 30 年中，他不惜靡费巨资，先后为自己修建了两座陵寝，即宝华峪陵寝和龙泉峪慕陵，而皇太后虽然一直活到道光二十九年，却眼巴巴看着没有人给她选址建陵。做了 29 年的皇太后，都没有人给建陵，心里会是一种什么滋味呢？

道光帝去世后，咸丰帝继位，为孝和太后建陵的重担落在了他的身上。咸丰帝能怎么办呢？他只有为父皇道光帝买单，总不能把大行皇太后暴尸不葬吧。就是在这种情况下，咸丰帝修建了规制简单的昌西陵：

一是裁掉了一些礼制性的建筑。首先，帝后陵的专利——方城和明楼被裁掉了。我们知道，皇后陵是允许建方城和明楼的，明楼内的朱砂碑那是用来雕刻皇太后名号的，裁掉之后，便无处书写陵名。所以，"昌西陵"这三个字在此处无法表达，也只好委屈地雕刻在三座门的门楣上面了。其次，裁掉了大殿周围的玉石栏杆和丹陛石。丹陛石那是帝后陵区别于妃园寝的最重要的标志之一，居然被裁掉了。没有了玉石栏杆，陵寝显得非常穷气，就好像一个穿西服的人没有系领带一样，很不协调。

二是缩减了一些建筑规制。昌西陵的隆恩门和东西配殿由原来的五间缩小为三间，隆恩殿也由重檐减少为单檐。由于建筑体量缩小了，整个昌西陵的面积也就缩小了很多，大约相当于普通皇后陵面积的一半左右。也正是由于此陵规制简单，工程仅仅用一年半时间，很快就结束了。

接着说慕东陵。

孝静皇后朝服画像

介绍慕东陵之前，先介绍一下墓主人和咸丰帝的关系。慕东陵的墓主人是道光帝的孝静皇后博尔济吉特氏，她在道光朝很得宠，生育了四个孩子，其中三个皇子，一位公主。道光二十年，她肩负了一个非常重要的使命，那就是抚养年仅十岁的皇四子奕詝也就是咸丰帝，因为他的母亲在这一年暴亡于宫中。孝静抚育咸丰10年之久，直到道光三十年咸丰帝即位做皇帝为止。所以，孝静对于咸丰来讲是一个大恩人。但令人意想不到的是，咸丰帝没有知恩图报，反而在孝静的丧葬事宜上大做文章：

一是咸丰帝不给皇太后修建

皇后陵。按说，孝静既然在咸丰五年被尊封为皇太后，就应该为皇太后修建皇后陵，之前的皇帝都是这么做的。可是，咸丰帝没有为之建陵，而是采取了一个取巧的办法，把慕陵妃园寝改名为皇后陵。据《清文宗实录》记载，咸丰帝是这么解释自己的这一做法的："惟念慕陵妃园寝为皇考钦定位次，即为大行皇太后灵爽所凭，藉安慈驭，谨将慕陵妃园寝恭定为'慕东陵'。"咸丰帝把责任推给了父皇，说是父皇已在妃园寝给她造好了地宫。可是，她现在已经是皇太后了，今非昔比了，应该给人家单建皇后陵，况且还对你有 10 年的养育之恩呢。

　　不仅不建皇后陵，咸丰帝在将妃园寝改造的过程中，也是极尽心思：不给建方城和明楼，不给建丹陛石，只把原来的绿瓦换成了黄瓦，增加了东西配殿和石五供，在孝静宝顶周围垒了一道墙，与其他妃子之间的宝顶隔开，仅此而已。这能花几个钱啊！据《清列朝后妃传稿》记载，当时的人们这样评价慕东陵："仍以妃礼葬慕陵园寝，但崇其名曰'慕东陵'。"说得再明白不过了——仅换了个名字而已。

慕东陵石五供和宝顶

　　二是大尺度减杀丧仪。按照惯例，皇太后的丧仪为国丧，全国致哀，皇帝为之隆重治丧。但咸丰帝并没有对此尽心尽力，尤其是在皇太后出殡西陵的时候，咸丰帝居然不亲自护送，这不符合清朝皇家的常规。后来,皇太后入葬陵寝地宫的时候,咸丰帝也不参加永安大典,而是"命恭亲王奕䜣、怡亲王载垣等管理"(《清列朝后妃传稿》)。他如此做,对得起太后的 10 年养育之恩吗?

三是大尺度减杀皇太后谥号。我们知道,谥号是对一个人的盖棺定论,古人非常重视。可是,咸丰帝在孝静的谥号上却大做文章。先是减少字数:一般皇后谥号都是先上 12 个字,以后由子孙加谥到 16 个字为止。咸丰帝却只给上了 8 个字的谥号,比其他皇后少 4 个。接着,咸丰帝不给孝静系宣宗的谥号"成"字,就是不称之为"成皇后",这就使她的神牌不能进入太庙,因为不知道把她放在太庙的什么位置,这是对孝静皇后极大的不敬。

咸丰帝居然如此对待于自己有养育之恩的皇太后。到底是什么原因使他如此寡恩薄情呢?原来,只因为一个人,那就是孝静的儿子皇六子奕䜣。奕䜣是道光帝第六子,比咸丰小一岁。他非常优秀,与咸丰相比,不仅身体好,而且才华横溢。立储的时候,道光帝在这两个儿子之间犹豫不决。到底什么原因使得道光帝最终确定咸丰为接班人呢?这里

道光《喜溢秋庭图》

有一个故事。

有一年的春天，万物复苏，正是打猎的好时节。道光帝便带领众皇子到南苑去行围打猎，顺便考察一下他们的骑射能力。这可急坏了咸丰，因为他身体不好，若比起来，他肯定要败在六弟奕䜣手下。这时，咸丰的老师杜受田给他出主意了，说到时候，你一箭也别发，一个动物也别打，皇帝要问起来，你就如此这般。果然，咸丰依计而行，众皇子都有收获，奕䜣最多，只有咸丰两手空空。道光帝纳闷道："你为什么没有收获？"咸丰说："现在正是万物复苏的季节，好多鸟兽都已经怀孕了，我不忍心伤害它们。"道光帝一听，连连点头，觉得这个孩子很有仁爱之心，而这恰恰是天子应该具备的。

道光二十六年，已经六十五岁的道光帝最终确定咸丰为接班人，但同时他又觉得对不起奕䜣，便又封奕䜣为亲王，写进秘密立储诏书之中，这就引起了咸丰对奕䜣的猜忌。据《清皇室四谱》记载，孝静去世后，咸丰便无情地处置了奕䜣："罢军机大臣及诸职任，仍在上书房读书。"他自己都当皇帝了，却又让比自己仅小一岁的奕䜣读书去了。所以，终咸丰一朝，奕䜣没有得到重用，直到咸丰帝去世，临终托孤八大臣中，都没有奕䜣的名字。这就是说，孝静皇后是因为儿子奕䜣的缘故，咸丰帝迁怒于她了。

总之，这第二种境界的两座皇后陵，都是咸丰帝缘故在万不得已的情况下修建的。所以，这两座皇后陵，在清代的 7 座皇后陵中，质量最次，规制也最低。

三、牝鸡司晨建后陵

这种皇后陵就是定东陵，也就是咸丰定陵的皇后陵，其实就是慈安、慈禧陵。咸丰十一年七月，咸丰帝病逝，留下了一群年轻的寡妇。令他没有想到的是，就在他去世之后两个半月，他的两个女人慈安和慈禧联手发动了一场震惊中外的政变，爬上了垂帘听政的宝座，夺得了清朝的最高统治权。就是在这样的一个政治背景之下，清廷修建了清朝最后两座皇后陵——慈安陵和慈禧陵。由于背景不同，这两座皇后陵，与之前修建的皇后陵也就有着本质的区别。

慈安陵前景

第一,建陵目的不同。

慈禧陵小碑楼

前面已经介绍过,皇后陵的产生,实际上是一种不得已的行为,因为皇帝已经去世,地宫石门已经关闭,卑不动尊,不能因为皇后再打开,因而不得已在帝陵旁边修建皇后陵,也就是太后陵。而且这些皇后陵,都是由她们的子孙修建的,体现的是一种孝顺、一种浓浓的情意,昭西陵、孝东陵、泰东陵都是这样。就连咸丰帝万不得已修建的昌西陵和慕东陵,其实也都体现出咸丰帝对两位皇太后的尊敬之情、孝敬之意,不然,建陵干什么?可是,这次,慈安和慈禧建陵目的就完全不同了。她们是自己为自己建陵,无需别人孝顺。因为两位是垂帘听政的太后,是大权在握的皇太后,一切由自己说了算。据《清穆宗实录》记载,她们"命大学士周祖培、刑部尚书绵森、都察院左都御史全庆、理藩院左侍郎英元,前往定陵附近一带相度地势",两位太后理直气壮地派出王公大臣,大张旗鼓地为自己选址建陵。这种做法和那些皇帝选陵址有什么区别呢? 所以,这种建陵的目的和境界,就发生了根本的变化。

第二,陵寝规制不同。

之前修建的几座皇后陵,都是中规中矩,不敢有什么突破。即使是处在盛世时期,康熙帝和乾隆帝为太后修建的陵寝孝东陵和泰东陵,也都是以一种低调的姿态出现,突出皇帝陵,而不是皇后陵。但这次不同,两宫皇太后大权在握,为所欲为。正因为如此,定东陵在规制上与之前的皇后陵就有了本质上的区别。之前的皇后陵都是小心翼翼地规划和修建,规制上不敢有所突破。可定东陵不同,它对传统的男权社会进行了挑战:

一是修建了神道碑亭。慈安陵和慈禧陵分别设置了一座神道碑亭,

定东陵雪景

碑亭内有赑屃驮石碑,石碑之上悍然镌刻了两位太后的谥号。这是一种僭越行为,尤其是慈禧陵的碑亭,上面镌刻的慈禧谥号的字数居然超过了皇帝,真是张扬到了极点。

二是设置了凤压龙的丹陛石。慈安和慈禧陵的丹陛石,一律雕刻成凤压龙的图案,这在以男权为主的封建社会是很难想象,体现了两位太后敢于挑战传统的魄力。

三是敢于使用金龙和玺彩画。金龙和玺彩画是清式彩画中级别最高的。这种彩画是有特定要求的:一是建筑级别要高,比如太和殿等;二是彩画用料高级,一般采用黄金材质进行装饰。清代陵寝中,无论帝陵还是后陵,一般都采用旋子彩画,就是以蜈蚣圈为主要纹饰的图案。而慈禧陵三大殿,居然使用最高级别的金龙和玺彩画,在清代帝、后、妃的陵寝中,只有慈禧陵使用了这种彩画的形式。

尽管这两座皇后陵如此超越和张扬,也还是囿于封建礼制,并没有跨出根本性的一步。如它们仍然被称作为"定东陵",表明两位是咸丰帝的皇后,因而陵寝的名字还是不得不取法于定陵而称之为"定东陵"。同时,其神道也不得不与定陵相连,表明了它们的所属关系,是定陵的附属建筑。这恐怕是两位胆大妄为的皇太后的明智之举吧。

这就是清朝三种不同境界的皇后陵:一种是体现皇帝对太后的敬仰、尊敬之情;一种是为了承担义务,不得不修建的;第三种则是为了彰显自己的权势,滥用职权修建的极为超越的。这三种不同境界的皇后陵,使我们清晰地看到,在后宫之中,虽然同为女人,但由于政治境遇不同,结局会迥然不同。那么,除此之外的那些妃嫔们,皇帝是怎样安排她们陵寝大事的呢?

第十四讲

皇帝妃嫔们的归宿

这一讲介绍清陵中的妃园寝。作为皇帝，他们的后宫妃嫔成群，而且还是合法的，被列为制度。在康熙朝，康熙帝对后宫进行了规范，对后宫中妃嫔的数目进行了确定："皇贵妃一、贵妃二、妃四、嫔六，贵人、常在、答应无定数，分居东西十二宫。"当然，对这个规定，皇帝并不一定遵守，他们往往会根据需要突破制度。那么，这些妃嫔去世后，皇帝会怎样安排她们的去处呢？皇帝会根据自己的好恶，分门别类地安排这些女人的最终归宿。那我们看看这些皇帝金屋中的金丝雀，最终的命运结局会是怎么样的吧。

一、与皇帝合葬

一般来讲，只有中宫皇后才有资格与皇帝合葬。因为皇后高贵的身份才与皇帝身份相匹配，明代就是这样的，清代早期也是一样，皇太极和顺治帝都是这么做的，主要是一种礼制上的规定，不能突破。可是，到康熙朝，他的景陵却破了先例，一个妃子被葬进景陵地宫。我们知道，康熙帝是一位非常讲究礼法的皇帝，所以他生前就在景陵地宫之中安排了孝诚、孝昭、孝懿三位皇后。此外，康熙帝对其他的女人，再没有葬入景陵地宫的打算。那么，究竟是谁把一个妃子葬进来的呢？

这个人就是雍正帝。让人没想到的是，雍正帝继位之后，做了一件越俎代庖的事情——雍正帝即位后，做出了一个特殊的安排，将一个神秘的女人，安排在了景陵地宫之中，这个女人就是敏妃章佳氏。实际上，这个女人根本没有资格葬进帝陵之中。首先是她身份低。章佳氏虽然为康熙帝生育了三个子女，据《清列朝后妃传稿》记载，直到去世，也没有任何名分，还是康熙帝可怜她，才被追晋为妃的："今以病逝，深用轸怀，可谥为敏妃。"就是妃子这样一个位号，还是看面子赏给的呢，很是勉强。这种身份的人，康熙帝怎么可能与之合葬在同一地宫之中呢？其次是早已下葬。敏妃在康熙三十八年去世之后，理所当然被葬进景妃园寝。即使是在妃园寝里面，她的位置也是非常靠后的，已经是第五排了。《陵寝事宜易知》中有诗云："五层尹贵合谨嫔，相接空券十分准。"诗中的空券，就是敏妃最初的葬地。据《清皇室四谱》记载，雍正帝即位后，为了把她与康熙帝合葬，做了两件事："追晋为皇考敬敏皇贵妃。九月，祔葬景陵。"雍正帝先把已经葬进地宫20多年的敏妃棺材从地下挖出来，重新漆饰；接着给她升职称，由敏妃直接封为"敬敏皇贵妃"。这样，皇贵妃就可以和康熙帝合葬了。

怡亲王允祥画像

雍正帝的泰陵

　　就是这样一个女人，怎么会引起雍正帝的极大关注呢？实际上敏妃是母以子贵，是沾了她的儿子十三王允祥的光。在雍正继位之初，兄弟之中就允祥支持他做皇帝，因此允祥在雍正一朝深得帝宠，为雍正帝所倚重。雍正八年五月初四，允祥病逝。为了报答允祥，据《清皇室四谱》记载，雍正帝特旨："诏复其名上一字为'胤'，配享太庙。"大家看，不仅赏还了胤祥的原名,还配享太庙,这在雍正帝的兄弟中仅此一例。而且他的母亲敏妃,也得到了雍正帝的特别照顾,被葬进景陵地宫之中。雍正帝这一做法,开了皇贵妃与皇帝合葬同一地宫的先河,之后,还出现过两次这样的实例。

一次是雍正帝本人的泰陵,里面陪葬了一位皇贵妃,那就是年羹尧的妹妹年妃。年妃在雍正帝的后宫之中,是最受宠爱的。这个女人温柔小心,一切均合雍正帝的意。

令懿皇贵妃画像

她与雍正帝共同生育了四个子女,这在雍正后宫中是生育冠军了。所以,当年妃病重之际,据《清世宗实录》记载,雍正帝一面册封她为皇贵妃,一面自责:"凡方药之事,悉付医家,以致耽延日久。"雍正帝对年妃的这种关照,就为以后她入葬泰陵地宫奠定了基础。

另一次则是乾隆帝的裕陵了。乾隆帝的裕陵地宫中,是清帝陵中葬入妃子最多的陵寝。乾隆帝亲自将四位妃子送进了自己的地宫之中。一是令懿皇贵妃,魏佳氏,是乾隆帝最爱的女人,她给乾隆帝生育了六个子女,尤其生育了嘉庆帝,因而最为得宠,乾隆三十年,在宫廷斗争中她打败了中宫皇后乌拉那拉皇后,被封为皇贵妃。乾隆四十年病逝,以皇贵妃礼葬进裕陵地宫。对此,乾隆帝深情地说:"旧日玉成侣,依然身旁陪。"这还没完呢,据《清列朝后妃传稿》记载,乾隆六十年,她的儿子嘉庆帝即位,太上皇乾隆下敕旨:"皇太子生母令懿皇贵妃,着赠为孝仪皇后。"二是乾隆帝后宫中最漂亮的慧贤皇贵妃高氏。三是最动心的贴身侍女,被追赠为哲悯

慧贤皇贵妃画像

皇贵妃的富察氏。四是生育了四个皇子的朝鲜族女子淑嘉皇贵妃金氏。所以，裕陵地宫中，共有四位女子是以皇贵妃之礼入葬帝陵地宫的，为清陵之最。

裕陵以后，清代帝陵中再也没有妃子陪葬帝陵地宫之中的。所以，妃子身份能够和皇帝陪葬的帝陵只有三座，即康熙帝景陵，雍正帝泰陵，乾隆帝裕陵。也就是只有康、雍、乾盛世时期的三座帝陵，才有妃子与皇帝合葬的现象存在，乾隆之后，停止了这种做法。

二、陪葬皇后

清代后宫的妃嫔，死后能够和皇后葬在一起，那自然也是非常荣幸的。因为，皇帝会来到皇后陵，而绝对不会去妃园寝；另外，皇后陵的规制也要比妃园寝高很多。所以，妃嫔们自然都很愿意和皇后葬在一起。清朝共有两个帝王的妃嫔有此殊荣，一个是顺治帝的妃嫔，一个就是道光帝的妃嫔。

顺治帝的妃嫔怎么会和皇后葬在一起了呢？那个皇后是谁？那个皇后就是顺治帝的孝惠章皇后，那些妃嫔跟随孝惠章皇后一起葬进了皇后的陵寝孝东陵。之所以把妃嫔与皇后葬在了一起，有两个原因：

第一，妃园寝被废。顺治十五年，顺治帝曾经在东陵西边的黄花山为自己的妃嫔修建了一座妃园寝，该园寝与荣亲王园寝相近，坐东朝西，后靠大杏山，前朝朱耳峪，左为鞍子岭，右为黄花山，风水俱佳。园寝建成后，曾先后葬进过几个妃嫔，比如顺治帝的表妹，被封为悼妃的一个小女孩，年龄很小就去世了；再比如为顺治帝殉葬而死的贞妃，去世之后，被葬在这里；还有一个石姓汉女恪妃，唐山人，死后被葬在这里等。这些女人都曾经被葬进黄花山的这个园寝。因为顺治帝的悼妃是最早进入这一园寝的墓主，所以园寝就被称为"悼妃园寝"。但由于这个妃园寝在东陵风水墙之外，离孝陵太远，难以与孝陵形成合葬的格局，所以康熙帝即位后，不得不考虑将其拆掉，迁葬其中的妃嫔，达到与顺治帝合葬的完美结局。

第二，清初典制未备。顺治入关，虽然形成大一统局面，但许多制度根本没有形成。如后宫制度，皇后之下界限不明、妃嫔等级不分，称谓混乱,后妃之中还有"格格"之名,比如赛宝格格、明珠格格等。我们知道,格格那是满族贵族之家对小姐的称呼,与皇帝的妃子有什么关系呢? 所以,在陵寝上也是一样,根本没形成妃园寝与皇后陵的严格界限,皇后与妃子葬在一起,被认为是顺理成章的事情。

孝东陵宝顶群

基于上述原因,康熙帝在为孝惠章皇后营建皇后陵即孝东陵的时候,也同时在皇后宝顶的两侧修建了妃嫔的宝顶,决定把顺治帝的那些妃嫔也葬进皇后陵,实现与皇后合葬的目的。这样,孝东陵里面共埋葬了顺治帝的七位妃子、四位福晋、十七位格格,共计二十八位女子。相关史料中这样记载:"从葬妃七位、福晋四位、格格十七位",由她们陪伴在孝惠章皇后的宝顶两边。

所以,这些名不见经传的妃嫔就比较幸运,得以和皇后葬到一块儿,接受着历代帝王后妃的祭奠。如果她们被葬在了妃园寝的话,会非常冷寂,因为历代皇帝都不会到妃园寝去,如果不是特别指派,也不会有官员前往。同时,同在一座陵寝里面,享受着巍峨的殿宇,黄色的琉璃瓦,那是她们做梦都不敢想的事情。

另外一群与皇后葬在一起的是道光帝的那些妃嫔,她们被葬进了道

慕东陵

光帝的皇后陵，就是慕东陵。

　　其实，慕东陵原来就是一座妃园寝，是道光帝给他的那些妃嫔们修建的一座妃子墓地。早在道光十五年，早年去世的平贵人就已经葬进了这里，此后，又陆续有很多妃嫔被葬进来。但让这些妃嫔没有想到的是，忽然有一天这座冷落的妃园寝受人关注起来，原来这座妃园寝要升格为皇后陵了。之所以要升格为皇后陵，是因为要将一位皇太后葬进来，这位皇太后就是曾经抚育过咸丰帝的孝静皇后。咸丰帝经过简单装饰，增添了一些建筑，又把绿瓦换成了黄瓦，改头换面，就成了皇后陵。但这里面早就葬进了至少十六位妃嫔，妃嫔与皇太后混葬在一起，也太不成体统了。怎么办呢？据《清文宗实录》记载，咸丰帝想了个好办法，即在"宝城之后，必须筑墙一道，以崇礼制。至围墙亦须有路可通"。用一道墙将皇后与妃子们隔开，就这么简单。所以我们看出，在慕东陵，与其说是妃嫔和皇后葬在一起，倒不如说是皇后葬进了妃园寝。因为这个皇太后实在没有办法，咸丰帝不给她单建

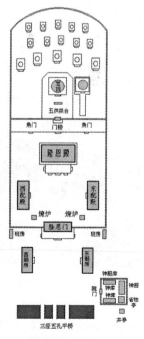

慕东陵示意图

陵寝,只答应将这个妃子墓改造改造。孝静皇后虽然觉得这座陵寝委屈了自己,而那些妃子们倒是觉得不错,不仅享受着只有帝、后才可以使用的黄色琉璃瓦,还增加了石五供、东西配殿,最重要的是,为这座陵寝单建了一座神厨库,专门制作供品;要是没有这位皇太后的进入,是不可能实现的。妃嫔们沾了光,觉得挺美。

三、安葬妃园寝

毫无疑问,皇帝的大多数妃嫔是不能与帝、后合葬的,这就要单独修建园寝。于是就产生了清代陵寝的第三个等级,妃园寝。第一等是帝陵,第二等是皇后陵,第三等就是妃园寝了。清代妃园寝的修建很有特色,主要体现在以下几个方面:

第一,简单。

裕陵妃园寝前院

清代妃嫔的园寝很简单。首先是布局简单。妃园寝的布局,也是前朝和后寝的形式,不过前朝仅有一座大殿而已,简单得很;后寝就是后院,在一个半圆形的围墙之内,有无数个坟头;至于坟头的多少,那就要看皇帝妃嫔的多少了。所以,这个后寝部分,看上去很像是一处公墓。

妃园寝就这么简单,没有多余的建筑。什么配殿啊、方城啊、明楼啊、神厨库等等统统没有,就连神道也没有,只有一段砖铺的甬道而已,总之,就是很简单。这就是等级制度造成的吧。

第二,规范。

清代妃园寝虽然布局简单,但在设计和建筑上却是非常规范,帝王们谨小慎微地坚持着这些制度,不敢越雷池一步。

1. 位置。妃园寝的位置,一定在帝陵旁边,或左边或右边,傍依在帝陵的身边,真有点儿小鸟依人的感觉。但是,虽然位在左右,却不给她们设置神道,不像皇后陵那样,可以和帝陵相连。

2. 营建时间。一般来讲,妃园寝的营建时间是与帝陵同步的。主要是实际需要,因为那些后宫的妃嫔随时都有去世的,去世就可以葬进妃园寝。

3. 颜色。妃园寝建筑所用的颜色,主要是琉璃瓦的颜色。主要建筑比如宫门和大殿,均用绿色,这与使用黄色琉璃瓦的帝、后陵寝形成了鲜明的对比。

4. 称谓。妃园寝的称谓前后有变化,在关外不太规范,努尔哈赤的福陵妃园寝称为"寿康妃园寝",因为里面的墓主人是努尔哈赤的寿康太妃博尔济吉特氏。皇太极的昭陵妃园寝则称之为"宸妃、懿靖大贵妃园寝",因为墓主人是这两位。入关以后,从景陵开始,清廷规范了妃园寝的称谓,在帝陵名字确定之后,就叫"某陵妃园寝";帝陵名字没有确定之前,则沿袭关外做法,还是以墓主人的名字冠名,所以,《昌瑞山万年统志》中就有了这样的记载:"妃园寝在景陵东里许,康熙二十年建,称'妃衙门',雍正五年尊为'妃园寝'",实际上它的全称是"景陵妃园寝"。

四、妃园寝里故事多

清代先后营建了 10 座妃园寝,即:关外 2 座——福陵妃园寝和昭陵妃园寝。入关之后 8 座:东陵 5 座——景陵妃园寝、景陵皇贵妃园寝、裕陵妃园寝、定陵妃园寝和惠陵妃园寝;西陵 3 座——泰陵妃园寝、昌陵妃园寝和崇陵妃园寝。这些妃园寝,由不同的皇帝修建。由于这些皇帝的性格各不相同,条件也有很大差异,所以这些妃园寝呈现出截然不同的状态。

泰陵妃园寝

第一,秩序井然的妃园寝。

妃园寝里面埋葬的是等级分明的妃嫔,因而秩序非常重要。这类妃园寝的典型代表,是泰陵妃园寝和定陵妃园寝。妃园寝的秩序,是康熙帝开创的,由于是草创,当然就需要后世皇帝予以完善。经雍正帝的发展,妃园寝制度日臻成熟。在雍正帝泰陵妃园寝和咸丰帝定陵妃园寝中,秩序井然主要体现在以下两点:

(一)明确园寝主角。

泰陵妃园寝的主角就是纯懿皇贵妃耿氏。耿氏和乾隆帝生母钮祜禄氏的经历很相似,出身都不高,入宫起步很低,均被封为"格格"。另外,生育也是一样,都只生育一次,耿氏生育了一个皇子,而且都是在康熙五十年生的孩子,乾隆比耿氏所生孩子大三个月。还有一点也非常相似,就是这两个女人都很有福气。耿氏的福气是从丈夫雍正帝去世开始的,主要是她和乾隆的母亲关系很好,自然沾光了。据《清列朝后妃传稿》记载,乾隆一即位,就下诏:"朕钦奉皇太后懿旨,裕妃侍大行皇帝多年,诞育皇五子。已蒙圣恩封为亲王。今裕妃应封贵妃",马上晋封耿氏位号。这种待遇是其他妃嫔没有的,纯粹是沾了乾隆帝生母的光。乾隆四十三年,耿氏有幸再被晋封位号:"以裕贵妃母妃九十寿,晋封裕皇贵妃。"封号已经到顶,无法再晋封了,再往上就是中宫皇后了。而且,这个耿氏非常长寿,她一直活到乾隆四十九年才去世,终年九十六岁,真是难得的老寿星。据《清皇室四谱》记载,耿氏去世后,乾隆给她的谥号是"纯懿皇贵妃","葬妃园寝,位列诸妃之上",被确定为泰陵妃园寝的墓主人。

定陵妃园寝宫门

定陵妃园寝的主角,是咸丰帝著名的丽妃,他他拉氏。在影视剧中,丽妃被塑造成慈禧的情敌和对手,并被慈禧所害。实际上,丽妃的福气恰恰在咸丰帝去世之后。慈禧主政期间,慈禧给予了她很大的关照。咸丰帝去世时,她的封号仅是丽妃而已。咸丰去世,慈禧就晋封丽妃为丽皇贵太妃,据《清皇室四谱》记载:"十一年十月,穆宗晋尊为皇考丽皇贵妃。"跨越了贵妃等级,属于幸运的躐等晋级。不仅如此,丽妃所生公主,也被慈禧破格晋封为荣安固伦公主。要知道,在清代只有皇后所生之女才能封为固伦公主,这算是格外照顾了。同时,慈禧还为公主指婚,安排她的婚姻生活。丽妃身体不好,体弱多病,于光绪十六年去世,终年五十四岁。丽妃去世后,慈禧把她安排在定陵妃园寝中,成为该园寝的主角。

(二)确定园寝核心位置,规范园寝秩序。

泰陵妃园寝享殿

在泰陵妃园寝,确定了该园寝最核心的位置,也就是中心位置,在第一排的正中间,安葬本园寝主角纯懿皇贵妃。然后把园寝的宝顶也就是坟头,分成了三排,地位高的在前排,比如妃嫔等;地位稍低的在第二排,比如贵人等;地位最低的在第三排,比如答应和格格等,秩序井然,有条不紊。在定陵妃园寝也是一样,第一排正中是丽皇贵妃,两边是贵妃;第二排是妃嫔;第三排是常在,秩序也非常明确,有条不紊。同时,为了区分等级,还要在地宫结构和宝顶大小上做文章。两位墓主人的地宫,要比普通妃子的墓道长,地宫券堂也大,显得很宽敞。而地面上的宝顶则明显比左右和后面的宝顶大,让人一眼就看出她是这里的主角。

第二,讲排场的妃园寝。

这种类型的妃园寝,在清朝只有两座,即景陵双妃园寝和裕陵妃园寝。这两座妃园寝,一个是康熙帝的,一个是乾隆帝的。但让人意想不到的是,这两座妃园寝,都是乾隆帝修建的。乾隆帝仰仗乾隆盛世、国家富裕有钱,便大兴土木,不仅给自己的妃嫔修建了讲气派的妃园寝,还给

景陵双妃园寝明楼

爷爷康熙帝的两个妃子修建了超规格的妃园寝。这两座妃园寝,双妃园寝于乾隆二年选址筹建;裕陵妃园寝则于乾隆十年开始修建,乾隆二十五年又进行过一次改建。这两座妃园寝,各有特色,但有两个共同点:

1. 很超越。据《清高宗实录》记载,双妃园寝在营建之初,乾隆帝就对朝臣再三叮嘱,要用心修建,并提出了园寝的规制问题:"其规制稍加展拓,以昭朕敬礼之意。"所以,双妃园寝修建的就格外引人注目,比普通妃园寝增加了东西配殿、方城、明楼这些只有帝、后陵才有的建筑。更为显眼的是,在里面竖起了两通石碑,上面分别镌刻墓主人的谥号,这是前所未有的事情。一个妃子,赏给谥号已经是格外施恩了,还要堂而皇之地将其刻在大石碑之上,一般人可不敢做。还有,就是在大殿之前,居然还修建了丹陛石,上面很新颖地雕刻了一只漂亮的丹凤,美其名曰"丹凤朝阳"。所有这一切,都是一种前所未有的极大超越,不仅需要有钱,更为重要的是要有胆略,才能够实现这样的突破。

景陵双妃园寝前景

裕陵妃园寝是乾隆帝自己的妃园寝。开始修建于乾隆十年,正是配合他的裕陵工程开工建设的,到乾隆十七年,同裕陵一起完工。本来,乾隆帝囿于家法,没敢大肆铺张,妃园寝修建得比较低调。但到了乾隆二十五年,由于他安排了自己的宠妃纯惠皇贵妃葬入园寝,遂肆意增添了妃园寝的规制,增加了东西配殿、方城、明楼,还把纯惠皇贵妃的谥号镌刻在了明楼碑上。

这两座妃园寝,由于修建了明楼,并为妃子立碑镌刻名号,就在很大程度上突破了祖制,甚至突破了中国封建社会"女子不立碑"的约束,显得极为特殊而且超越。

2. 为了情。大家一定很想知道,乾隆为什么要这么做? 难道他不懂得这是一种叛逆和超越的行为吗? 查阅史料发现,乾隆帝的这些做法,都是源于一个"情"字,他有着太多的情,需要通过园寝建筑来表达、来宣泄。

首先,为了"恩情"而修建双妃园寝。双妃园寝里面埋葬的两位墓主人悫惠皇贵妃和惇怡皇贵妃,本是康熙帝的两个妃子,她们怎么和乾隆扯上关系了呢? 原来,康熙六十一年,乾隆被康熙帝看中,接进宫中抚养,可是由于孩子小需要照顾,便选中了上述二位。这二位带孩子有经验,又非常用心,给小乾隆心中留下了美好的印象,所以乾隆即位后,据

《清高宗实录》记载：他"感念不忘，意欲为两太妃千秋之后，另建园寝"，也就是说总想找机会报答。这就是乾隆帝修建双妃园寝的目的，他自己说的再明白不过了，那就是感恩、报恩。

其次，为两个女人的"情愫"，乾隆帝扩大裕陵妃园寝规制。这两个女人，一个是他的爱妃纯惠皇贵妃苏氏，另外一个是他的宠妃香妃和卓氏。

双妃园寝大殿遗址

苏氏是一个汉家女子，而且入宫较早，是乾隆为皇子时候的侍妾。风流倜傥的乾隆帝，有很浓重的汉文化情结，而苏氏的骨子里面一定不时流露出这种情愫，吸引乾隆帝。所以，苏氏很受宠爱，为乾隆生育了三个子女。这三个子女中，以皇六子永瑢最为优秀：一是才情契合他的心理。永瑢生于乾隆八年，在以后的发展中，永瑢脱颖而出，才情大展。据《清史稿》记载，永瑢诗、书、文、画无所不精，尤其擅长填词作赋，诗作有《九思堂诗钞》传世；也有史料记载，永瑢曾画过一幅《岁朝图》献给祖母孝圣皇太后，奶奶很高兴，夸他有才华。他还画过一幅《平安如意图》，敬献给父皇，乾隆帝非常高兴，并为之题诗："恰合岁朝呈吉语，永绵奕载奉慈娱。"同时，永瑢还擅长天文历法。所以苏氏所生的这个皇子很讨奶奶和父皇的喜爱，乾隆帝对这个孩子也寄予厚望，令其出任《四库全书》正总裁。

纯惠皇贵妃苏氏画像

香妃旗装画像

因此，是这个孩子为苏氏挣得了资本。二是政治作为得体。永瑢不仅才华突出，而且是一个很得体的皇子。乾隆帝对他很信赖，委以重任，管理过内务府，也管理过钦天监事务。尤其在乾隆四十四年，父皇七十大寿前夕，六世班禅额尔德尼前来朝觐，乾隆帝选中才华横溢又做事得体的皇六子永瑢和章嘉国师前往多伦诺尔迎接，永瑢不辱使命。故而，乾隆很可能从这个皇子身上，找到了自己当年才华横溢的影子，因而非常喜爱。于是，乾隆帝封他为质亲王，期待他有更大的作为。爱屋及乌，也使得乾隆帝更加宠爱这个皇子的生母。《清列朝后妃传稿》记载，乾隆二十五年，乾隆帝意外地给予苏氏以最高的封号："今皇子及公主俱已吉礼庆成，应晋封为皇贵妃。"很可惜，晋封皇贵妃的当月，苏氏就去世了，年仅四十八岁。苏氏去世后，乾隆帝没有把她安排在陵地宫中，而是把她安排在裕妃园寝中，让她做了那里的领头人。正因为乾隆帝爱这个女子，给予了她极高的封号；爱她的子女，给他们以最好的生活安排。那么，当他把这个爱妃安排在妃园寝中作为该园寝墓主人的时候，能不做特别的安排吗？

不仅如此，在裕陵妃园寝中，还有乾隆帝一位非常牵挂的女子，那就是他的"香妃"。我们看电视剧《还珠格格》中,对她印象很深。电视剧中,乾隆帝对香妃一往情深。清史大家孟森这样评价乾隆与香妃的感情:"此又见高宗之用情,而兼露英主本色……然不能已,则自问亦不知其何情,可知其牵于爱矣。"(孟森《香妃考实》)这个香妃真的是乾隆的一段难以割舍的情愫。我们看相关史料,也确实看到乾隆帝对香妃宠爱有加,香妃经常跟随乾隆帝出巡。乾隆帝对她特别关照,尊重她的民族信仰,允许她穿本民族的朝服,给她准备清真厨师,还向她学习维吾尔语。乾隆很高的维语水平,就是跟香妃学的。对香妃,大家一定有很多疑问,诸如:香妃究竟是谁? 她身体真能够释放出香味吗? 她究竟埋葬在了哪里? 等等,关于香妃的谜团包括入宫之谜、体香之谜、得宠之谜、死亡之谜、葬地之谜、画像之谜……一个接一个地被提出来。1979 年,清东陵对裕陵妃园寝的容妃墓进行了清理,经过考古发掘,得出了一系列结论:香妃就是乾隆帝的容妃,她的宫中封号为"容妃",维吾尔族;她的葬地并

香妃墓宝顶

不在新疆的喀什,也不在北京陶然亭,而是在清东陵的裕陵妃园寝里面;她不是被皇太后赐死的,而属于自然死亡,终年五十五岁;她的身体不能释放出香味来,是文艺家们虚构的;她的很多画像基本上都不靠谱。总

之,香妃的各种传言以及画像、荧屏形象等等,都是人们赋予的美好期盼,并不符合历史的真实面目。

总之,乾隆帝源于一个"情"字,出于对这些宠爱女子的情愫,便决定拓展妃园寝规制,"中建宝城,奉安纯惠皇贵妃"(《昌瑞山万年统志》)。即增建了方城、明楼,碑刻名号"纯惠皇贵妃园寝"。

第三,不讲究的妃园寝。

清代妃园寝中,有一座最不讲究的妃园寝,那就是嘉庆帝的昌陵妃园寝,里面埋葬着嘉庆帝的 17 位妃嫔,主角是嘉庆帝的和裕皇贵妃刘佳氏。这座妃园寝,是清朝入关以后修建的 8 座妃园寝中最不讲究的一座。

昌陵妃园寝中和裕皇贵妃宝顶

首先,不讲究风水。修建陵寝,最重视的就是风水,这在那个时代是没有争议的。昌陵妃园寝位于昌陵以西约两华里的地方,这里的土质中含有大量砂石。这种地质条件,不宜于修建陵寝:一是地基不坚固,可能出现塌方;二是地宫容易出现渗水,淹了棺材,对墓主人不利。后来的实践也证明了这一点:嘉庆、道光年间,这座妃园寝内曾发生两次施工坍塌事故,造成了人员伤亡,其中死亡 6 人。这其实是很犯忌讳的事情。

其次，规模最小。清入关后修建的 8 座妃园寝中，要数昌妃陵园寝规模最小了。昌陵妃园寝的大殿为面阔三间，这在清朝的所有妃园寝中是最小的，就连清末修建的崇陵妃园寝大殿，面阔都是五间。

昌陵妃园寝的这种做法很奇怪，令人难以琢磨。首先，当时朝廷有钱。它与昌陵同时修建于嘉庆初年，国家应该是很有钱，至少不至于缺钱建设妃园寝。其次，嘉庆帝非常重视建筑陵寝。对自己的昌陵，嘉庆帝是颇费一番脑筋的，甚至于要亲自设计建筑方案，还故作聪明地提出了"外照泰陵，内照裕陵"的设计思路，地宫中就花了很多银子，做了和裕陵一样的雕刻，可谓煞费苦心。再次，妃园寝中葬进了和裕皇贵妃和恭顺皇贵妃两位皇贵妃，还有四位妃子、六位嫔，这些人在宫中的地位都不低，属于堂堂的小主了，嘉庆帝怎么对妃园寝的建筑就如此漠不关心，如此不重视她们呢？还有，旁边还有标本在那里，那就是西陵的第一座妃

惠陵妃园寝

园寝泰陵妃园寝就在旁边，可以参照，照它的规模建设就不会有问题。可是，嘉庆帝没有，别出心裁地修建了这座最不讲究的妃园寝。嘉庆帝究竟是怎么想的呢？

第四,虚幻的妃园寝。

这座妃园寝就是惠陵妃园寝,这里面的墓主人是同治帝的慧妃。

为什么说这是一座虚幻的妃园寝呢? 因为这里面有两个虚幻的梦想:

1. 一个患有妄想症的墓主人。这里面的墓主人慧妃,曾经幻想,迟早有一天会取代中宫皇后阿鲁特氏成为皇后,因为有婆婆慈禧皇太后的大力支持。慈禧确实给慧妃,也给人们一个错觉:据《清皇室四谱》记载,慧妃入宫后,虽只被册封为妃位,但至同治十三年,慈禧就不顾一切地为她大加封赠:"十一月,诏晋皇贵妃。"而这时,皇后阿鲁特氏还健在,慈禧的这种做法犯了宫廷大忌,给阿鲁特氏以极大的心理压力,最终导致皇后抑郁寡欢。但是,慈禧的这种做法却给慧妃以极大的希望,据《清稗类钞》的相关记载,慈禧甚至直接告诉同治帝:"慧妃贤明,宜加眷遇。"要多

惠陵妃园寝石拱桥

关照慧妃。这就使慧妃产生了非分之想,幻想着有一天,取代阿鲁特氏,入主中宫。但这一切,到同治十三年十二月初五日同治帝去世,便成了泡影,她的封号永远定格在了皇贵妃的等级上。

2. 一座虚幻的妃园寝。妃园寝营建之初,处在设计图纸的关键时期,慈禧又要关注慧妃,又给了她一个新的幻想空间。慈禧想给这个自己中意的儿媳建一座最体面、壮观、豪华的妃园寝。于是,慈禧找来恭亲王、醇亲王,授意他们要高规格修建惠陵妃园寝。并亲自指示、亲自规划,要在普通妃园寝的基础上,增加东西配殿、方城、明楼、台石五供。如果这一方案实施,那么这座妃园寝将大大突破祖制,成为清代最高规制的妃园寝。但是,此方案一出炉,就遭到极大抵制。据《惠陵工程备要》记载,设计方案仅仅存在了几个月的时间,慈禧就不得不收回成命:"所有现修妃园寝,前经谕令添修宝城、方城、明楼暨石台五供、梓罗圈墙均着撤去。"就这样,这一最高规制的惠陵妃园寝,最终只定格在了设计图纸上。而妃园寝的最终建筑,无论从选材、体量,还是规模,都只能称得

景陵妃园寝宝顶群

上是一座普通规制的妃园寝了。所以,我们说这是一座虚幻的妃园寝,指的就是当初的设计方案。

然而,并不是皇帝的所有女人都能够入葬妃园寝,能够入葬的是那些有封号、最好是有过生育的女人。关于这一点儿,据《清列朝后妃传

稿》记载,雍正帝曾经专门下过谕旨:"陵内关系风水之地,如曾奉御皇考之贵人尚可,若随常加封者则不可。"就是说,并不是所有的皇帝的女人,都可以入葬妃园寝,那还有条件呢,由此可见皇家的冷漠无情。雍正帝自己的一位老贵人就遭此不幸,据《陵寝事宜易知》记载,这位老贵人死后就没能进入泰陵妃园寝,于"乾隆元年七月十一日送,二年二月二十六日奉安",最终葬进了东陵风水墙外的苏麻喇姑墓旁,成了一个远游的孤魂。

这就是清宫妃嫔的几种归宿,有和皇帝葬在一起的,也有和皇后葬在一起的,大多数妃嫔则是和皇帝的宠妃葬在一起,单建妃园寝。这就是等级社会之中,那些深宫女子死后的不同命运。

这样算来,入关前后,清朝总共建有帝、后、妃陵寝 29 座:从努尔哈赤的福陵到光绪帝的崇陵,共营建了 12 座帝陵,其中关外 3 座、东陵 5 座、西陵 4 座。皇后陵 7 座,其中东陵 4 座、西陵 3 座。妃园寝 10 座,其中东陵 5 座、西陵 3 座、关外 2 座。这些帝、后、妃的陵寝,或气势恢宏,或精致典雅,或等级有别,是清朝留给人类的宝贵文化遗产。这些遗产,体现着时代背景,见证了王朝兴衰,诠释着帝王性格与成就,同时,也蕴含了诸多鲜为人知的宫闱秘辛,给人以知识和启发。